2017·1 / 总61

中国税收季度报告

国家税务总局　编

China

Taxation

Quarterly Report

中国税务出版社

Contents 目录

■ 2017年 · 第1季度

税收要论 »

深入学习贯彻习近平总书记重要讲话精神
担当前行扎实推进国税、地税征管体制改革

税收要情

税收经济调研

税收政策解读

图书在版编目（CIP）数据

中国税收季度报告. 2017.1/国家税务总局编.
--北京：中国税务出版社，2017.5
ISBN 978-7-5678-0552-1

Ⅰ.①中… Ⅱ.①国… Ⅲ.①税收管理-工作报告-
中国-2017 Ⅳ.①F812.423

中国版本图书馆CIP数据核字（2017）第081052号

书　　名：中国税收季度报告（2017·1）

作　　者：国家税务总局　编

责任编辑：陈金艳　孙晓萍

设计制作：李本洋

责任校对：于　玲

出版发行：中国税务出版社

地　　址：北京市丰台区广安路9号
　　　　　国投财富广场1号楼11层

邮　　编：100055

网　　址：http://www.taxation.cn

E-mail：swcb@taxation.cn

印　　刷：北京联兴盛业印刷股份有限公司

规　　格：889毫米×1194毫米　1/16

印　　张：8

字　　数：192000字

版　　次：2017年5月第1版
　　　　　2017年5月北京第1次印刷

书　　号：ISBN 978-7-5678-0552-1

定　　价：48.00元

如有印装错误　本社负责调换

目 录

附录

大事记

相关经济数据

Contents

■ 2017 · 1

Contents

2017 · 1 ■

Tax Policy Interpretation

Appendix

Highlights of China Tax

Related Economic Data

深入学习贯彻习近平总书记重要讲话精神
担当前行扎实推进国税、地税征管体制改革

Implementing the Important Instructions of President Xi Jinping by Keeping the Momentum of the Tax Administration Reform

2017年3月22日，国家税务总局召开《深化国税、地税征管体制改革方案》（以下简称《方案》）督促落实领导小组第七次会议，学习贯彻习近平总书记在中央全面深化改革领导小组第31次、32次会议上的重要讲话精神，按照李克强总理、张高丽副总理关于税收改革的有关明确要求，总结2016年《方案》贯彻落实情况，部署2017年税收改革工作。税务总局党组书记、局长王军讲话，党组副书记、副局长王秦丰主持会议，党组成员、总经济师任荣发，总会计师王陆进参加会议。

王军强调，习近平总书记关于全面深化改革的重要讲话，特别是对主要负责同志抓改革落实、坚持问题导向、推动改革落地见效等作出一系列重要指示，充分体现了习近平总书记运筹帷幄、总揽全局的战略智慧和率先垂范谋改革、推举措、抓落实的使命担当，为纵深推进税收改革指明了前进方向、提供了根本遵循，税务总局党组及各级税务机关党组一定要深刻学习领会好、坚决贯彻落实好。

王军指出，一年多来，在中央全面深化改革领导小组、经济体制和生态文明体制改革专项小组的领导指导下，在各部门、各地党委政府的重视支持下，《方案》落实有力有序，改革举措渐次推出，改革红利持续释放，重要领域和关键环节改革取得良好进展，纳税人获得感明显增强，赢得了各方面的肯定和好评。

王军要求，要深入学习贯彻习近平总书记关于全面深化改革的重要讲话精神，担当前行扎实推进国税、地税征管体制改革，确保改革落地生效。一是要明确主体责任。各级税务机关主要负责同志要牢牢扛起改革的主体责任，亲自抓、带头干，深思熟虑谋划改革、勇往直前推进改革、真抓实干落实改革，挑最重的担子、啃最硬的骨头、攻最难的关口。二是要坚持问题导向。要正确处理好常规工作与改革举措、前台改革与后台

改革、落实既定计划与解决新的问题、单项改革推进与多项改革集成、务求改革实效与扩大改革影响等方面的关系。要聚焦问题，不畏艰难，强化协调，集中攻坚克难，破解瓶颈问题。三是要集成改革经验。对成功的改革做法及经验要深度挖掘、深入总结、及时集成，形成可复制可推广的制度成果，扩大改革效应，共享改革成果，并努力形成有良好社会影响力的品牌。四是要抓好改革落实。要有"对表""计时"的紧迫感，把责任压实、要求落实、考评抓实，强化督办，到点验收，确保取得更多更实的改革成果。五是要做好宣传工作。要及时宣传推介改革的好做法、好经验，充分展示改革成效，营造良好的税收改革舆论氛围。

会议审议了2017年税收改革工作要点、关于选树税收改革示范单位和示范项目的通知。税务总局《方案》督促落实领导小组办公室，财产行为税司，云南国税局、地税局，宁夏国税局、地税局主要负责人汇报了一年来《方案》落实情况和下步改革工作安排。税务总局《方案》督促落实领导小组各成员单位负责同志参加会议。

税务总局党组传达学习贯彻全国两会精神

The SAT Leading Party Group Studied, Conveyed and Implemented the Output of the NPC and CPPCC

2017年3月16日，国家税务总局党组书记、局长王军主持召开党组扩大会议，传达学习贯彻十二届全国人大五次会议和全国政协十二届五次会议精神，研究部署税务系统贯彻落实具体措施。

会议认为，今年全国两会是在党的十九大召开之年、在全面实施"十三五"规划的重要一年、在推进供给侧结构性改革的深化之年召开的重要会议，对贯彻落实新发展理念、保持经济平稳健康发展和社会和谐稳定、迎接党的十九大胜利召开具有十分重大的意义。习近平总书记在参加代表团审议和政协联组会议时发表的重要讲话，对创新驱动、深化改革、改善民生、从严治党等重大问题，从全局和战略高度作了重要论述，为全面推进中国特色社会主义建设提供了科学的思想和行动指南。李克强总理作的《政府工作报告》站位高远，目标明确，措施务实，对统筹推进经济社会发展及做好税收工作具有重要指导意义。全国税务系统要把学习贯彻习近平总书记重要讲话精神和全国两会精神，作为当前一项重大政治任务抓紧抓实，进一步增强政治意识、大局意识、核心意识、看齐意识，更加紧密地团结在以习近平同志为核心的党中央周围，稳中求进，真抓实干，加快推进税收改革发展，以优异成绩迎接党的十九大胜利召开。

王军就税务总局及各级税务部门贯彻落实全国两会精神做出具体部署。

一要深入学习贯彻全国两会精神，进一步增强责任感和使命感。税务总局机关要带头学习，学深学透，为全系统做出表率。各级税务机关要采取集体学习、专题辅导等方式抓紧组织传达学习，统一思想认识，坚持稳中求进工作总基调，扎实做好今年的各项税收工作。

二要依法做好组织收入工作，努力完成全年税收收入任务。预算一经全国人大审议通过就具有了法律效力。要牢固树立预算就是任务的观念，坚持依法征税，坚决防止收"过头税"，坚持不懈抓紧抓好组织收入工作，努力完成预算确定的税收收入任务。

三要积极稳妥推进税制改革，营造透明公平的税收环境。按照《政府工作报告》要求，积极配合财政部等部门，落实和完善全面推开营改增试点政策，简化增值税税率结构，继续深化资源税改革，努力营造简洁透明、更加公平的税收环境。

四要落实和完善税收政策，进一步释放优惠政策红利。按照《政府工作报告》提出的"全年再减少企业税负3500亿元左右"的要求，抓紧研究落实扩大小微企业减半征收企业所得税优惠范围、提高科技型中小企业研发费用加计扣除标准等政策的具体方案并不折不扣抓好执行，千方百计使结构性减税力度和效应进一步显现。

五要认真做好议案、建议、提案办理工作，及时回应社会关切。要进一步做好与人大代表、政协委员的汇报沟通工作，按时保质办理每一份全国两会议案、建议、提案，切实做到"办理一份提案建议，增加一份理解支持"，并促进依法决策、科学决策。要做好税收宣传舆论工作，创新宣传方式方法，及时回应涉税热点问题，为税收改革发展营造良好舆论环境。

六要切实抓好督促落实，确保各项工作落地生效。按照国务院关于落实今年《政府工作报告》重点工作分工安排，认真梳理涉及税务部门的工作任务，全部纳入绩效考评和督查督办，确保各项工作不折不扣地落到实处、取得实效。

积极健全纳税信用体系　全力助推信用中国建设

Improving the Taxpayer Credit System to Build up a Creditable China

□ 国家税务总局党组书记、局长　王军

近年来，根据党中央、国务院关于社会信用体系建设的决策部署，税务总局主动作为、改革创新，不断健全纳税信用体系，着力营造依法诚信纳税的价值导向，全力助推信用中国建设。

顺应形势，高起点定位纳税信用体系建设

税务总局自觉把纳税信用体系建设放到党和国家工作大局中去统筹把握和部署推进，高起点定位，从而更好地发挥纳税信用的积极作用。

把纳税信用体系建设放到促进国家治理中去部署。党的十八届三中全会从推进国家治理体系和治理能力现代化的高度部署税制改革，使税收职能作用超越了经济层面，拓展到经济、政治、社会、文化、生态、外交等诸多领域，更加深刻地介入国家治理的各个方面，在国家治理中发挥着基础性、支柱性、保障性作用。社会信用是国家治理的重要组成部分。税务部门必须从国家治理层面认识和推进纳税信用体系建设，从而促进纳税人诚信自律，提高税法遵从度，推进社会信用体系建设，助推国家治理现代化。

把纳税信用体系建设放到助力社会信用体系建设中去推进。2014年以来，国务院先后印发实施《社会信用体系建设规划纲要（2014—2020年）》《关于建立完善守信联合激励和失信联合惩戒制度加快推进社会诚信建设的指导意见》等文件，对社会信用体系建设做出了具体部署。纳税信用作为纳税人履行税收义务的客观反映，直接体现纳税人对社会、对国家的信用。税务部门必须按照国务院关于社会信用体系建设的部署，充分发挥纳税信用在社会信用体系中的基础性作用，运用税收"大数据"，建立纳税人诚信档案，通过加强部门间信用信息共享，建立守信联合激励、失信联合惩戒长效机制，共同构建"守信者一路绿灯，失信者处处受限"的信用奖惩大格局，为社会信用体系建设添砖加瓦。

把纳税信用体系建设放到深化税收征管体制改革中去落实。2015年中办、国办印发的《深化国税、地税征管体制改革方案》提出了创新纳税服务机制、转变征收管理方式、构建税收共治格局等六方面重点改革任务。加强纳税信用体系建设是落实好这些改革任务的重要基础。税务部门必须积极构建促进诚信纳税机制，增强纳税人税法遵从度和满意度，从而有效防范税收流失、降低税收成本，提升税收治理能力，推进税收征管体制和征管能力现代化，保证改革任务落地见效。

科学规划，高质量建设纳税信用体系

2014年以来，税务总局认真总结纳税信用管理经验，按照社会信用体系建设总体规划部署，以制度建设为基础，以守信激励和失信惩戒为抓手，以信用信息共建共享为契机，积极构建现代化的纳税信用体系。

制度先行，筑牢纳税信用体系建设根基。 搭建制度框架。2014年7月，税务总局印发《纳税信用管理办法》和《纳税信用评价指标和评价方式》，建立了以评价指标为核心，涵盖信息采集、级别评价、结果确定、结果发布和结果应用等全环节的纳税信用管理框架，实现了纳税信用评价指标、评价方式和工作流程的全国统一。每年，税务部门依据采集到的纳税人日常遵从记录，从主观态度、遵从能力、实际结果和失信程度4个维度共99项评价指标，对纳税人的信用状况进行评价，并发布评价结果。健全管理手段。2015年先后发布纳税信用动态调整、通知提醒等一系列制度文件，持续丰富和完善纳税信用管理手段，为纳税人提供信息获取和异议解决渠道，推动纳税信用由静态评价向动态管理过渡，有效维护纳税人合法权益。提升信息化水平。借助金税三期工程在全国税务系统全面推广上线的契机，对纳税信用管理系统进行整体优化升级，大幅度提升了评价指标的自动采集率，使评价结果更为全面、客观、公正。

奖惩并重，推进纳税信用评价结果增值应用。 坚持内外结合、奖惩并重的思路，加强和拓展纳税信用评价结果的增值应用，树立诚实守信的价值导向。大力开展分类服务和管理。集中推出8项A级纳税人激励措施和8项D级纳税人惩戒措施，使A级纳税人在发票领用、出口退税、日常办税等多方面享受优惠和便利，D级纳税人在发票申领、出口退税、接受税务稽查等方面受到严格限制和管理，促进纳税人诚信自律，提高税法遵从度。全面推开营改增试点期间，税务总局又在全国推出A级纳税人取消增值税专用发票认证措施，为A级纳税人节省了大量的时间和精力，使办税更加方便快捷。目前，该项措施已分期逐级推广至B级、C级纳税人，使广大守信纳税人由此获得便利和实惠。大力实施重大税收违法案件当事人联合惩戒。随着纳税信用体系建设的深入推进，税收违法"黑名单"制度从无到有，不断健全。2014年，税务总局颁布《重大税收违法案件信息公布办法》，并联合发展改革委、人民银行等部门共同签署《关于对重大税收违法案件当事人实施联合惩戒措施的合作备忘录》。2016年，税务总局进一步修订《重大税收违法案件信息公布办法》，建立纳税信用修复机制，并联合发展改革委等部门印发《关于对重大税收违法案件当事人实施联合惩戒措施的合作备忘录（2016版）》，将联合惩戒部门由21个扩大到34个，惩戒措施由18项增加到28项，实现了联合惩戒的"双扩围"。截至2016年底，已有近3000户涉税违法企业先后登上各级税务机关"黑名单"，不仅企业的违法事实、法律依据、处理处罚情况被曝光，违法当事人的基本信息也被一并公布，并由联合惩戒部门依法采取包括限制出境、限制担任相关职务、限制融资授信、禁止部分高消费行为在内的惩戒措施，大幅增加了企业违法失信成本；已有700多户重大税收违法案件当事人主动缴清了税款，依规退出了税收"黑名单"。大力实施纳税信用A级企业联合激励。按照促进大众创业、万众创新的部署要求，税务总局联合银监会在全国开展"银税互动"助力小微企业发展活动，将纳税信用成功转化为企业的融资资本，缓解了小微企业融资难问题，实现了"企业有发展、银行有效率、纳税更诚信"的良性互动。据统计，截至2016年底，全国银行业金融机构共向守信企业发放"银税互动"相关贷款20.6万笔，其中涉及小微企业17.2万笔，小微企业银税贷款金额达2200多亿元。2016年7月，税务总局按照国务院推进守信联合激励和失信联合惩戒意见的

要求，率先与29个社会信用体系建设部际联席会议成员单位签署了首份联合激励合作备忘录，向纳税信用A级纳税人推出了涵盖18个领域的41项守信联合激励措施，充分体现了让守信者"一路绿灯"的导向。

共享联动，构筑纳税信用管理大格局。税务部门依托全国信用信息共享平台，用纳税信用信息对接社会信用信息，形成纳税信用管理"大数据"，构筑纳税信用管理大格局。将纳税信用"推出去"。2015年，税务部门建立了纳税信用信息归集共享机制，各级税务机关定期按照信用信息目录向全国信用信息共享平台推送税务领域信用信息，努力推动纳税信用融入社会信用，并发挥基础性作用。截至2016年底，税务部门已累计向共享平台推送A级纳税人名单、税收违法"黑名单"等纳税信用信息1000余万条，各类行政许可、行政处罚信息120余万条。将社会信用"引进来"。除与银监部门、金融机构共同开展"银税互动"活动外，税务总局与食品药品监管总局签订信用互动合作框架协议，共同建立信用互动机制，在本部门信用评价信息中记录对方的优良信用记录和不良信用记录，并在加强事中、事后监管中加以应用，实现纳税信用和生产领域信用的有效衔接；广泛参与对其他领域守信主体和失信主体实施联合激励和联合惩戒，并将采集到的经营异常名录、失信上市公司、失信被执行人等信用信息，应用到税收管理工作中，促进了税务部门从事前审批向事中、事后监管与服务的转型。目前，税务部门已参与签署海关等领域联合激励合作备忘录3份，工商、证监、法院执行、环保、食药、安全生产等领域联合惩戒合作备忘录11份；全国税务部门依法限制54户因违反环境保护法律法规受到处罚的环境保护领域严重失信主体享受资源综合利用产品和劳务增值税即征即退政策；8万余户次A级纳税人享受了发展改革委、食品药品监管等部门的"绿色通道"服务。

集成创新，高标准优化纳税信用体系

2016年11月，习近平总书记主持召开中央全面深化改革领导小组第二十九次会议时强调，要大力弘扬诚信文化，将建立诚信记录、实施守信激励和失信惩戒措施作为诚信建设的主要方面，以重点领域、重点人群为突破口，推动建立各地区各行业个人诚信记录，强化应用，奖惩联动，使守信者受益、失信者受限。李克强总理在2016年全国推进简政放权放管结合优化服务电视电话会议上强调，要加快建立健全市场主体诚信档案、行业黑名单制度和市场退出机制，建立起联合激励与惩戒机制。税务部门将深入学习贯彻习近平总书记重要讲话精神和李克强总理的明确工作要求，创新思路，扎实工作，通过"四个进一步"，不断加强纳税信用体系建设。

进一步加强纳税信用信息采集管理。秉承还权还责于纳税人的理念，结合推行实名制办税，全面梳理纳税人涉税事项，更广范围、更大力度采集纳税人相关信用信息，完善纳税人诚信档案，做好纳税信用信息与外部门信用信息的衔接融合，广泛建立信用信息共享渠道，推动纳税信用信息、公共信用信息与商业信用信息共享融合。

进一步优化纳税信用评价方式。归集全国纳税信用信息，开展纳税信用"大数据"测算，持续优化纳税信用评价指标和评价机制，进一步推动纳税信用与社会信用联动管理；选择数据基础好、纳税人需求高的地区开展个体工商户纳税信用评价试点，条件成熟后在全国推广；研究探索自然人纳税信用管理办法，扩大信用信息获取范围，建立自然人综合信用记录。

进一步完善纳税信用奖惩机制。结合办税制度改革，进一步加强和完善纳税信用奖惩机制，充分运用信用评价结果，有效实施分类管理，提升税收管理水平；健全信用联合奖惩机制，积极参与针对各领域守信主体和失信主体的联合激励

与惩戒，大力推动守信激励和失信惩戒"双轮驱动"。

进一步加大正反典型案例的宣传力度。大力宣传诚信典型、曝光失信案例，在全社会积极营造守信引领和失信警示的良好氛围，让守法诚信纳税成为企业最好的"名片"，在市场中获得更多的机会和实惠，让违法失信纳税成为企业的"污点"，处处受阻，寸步难行。

诚信是社会有序运行的根基。税务部门将深入贯彻落实党中央、国务院关于社会信用体系建设的决策部署，继续大力推进纳税信用体系建设，积极营造依法纳税诚信经营的良好氛围，助力市场主体健康规范、可持续发展，为信用中国建设做出税务部门新的更大的贡献！

（原文载于《中国信用》2017年第3期）

深化税制改革促进转型升级 落实优惠政策激发市场活力
—— 国家税务总局局长王军接受记者采访

Deepening the Tax Reform to Transform and Upgrade Industries,
and Implementing Tax Preferential Policies to Invigorate the Market
—— SAT Commissioner Wang Jun's Words in a Press Interview

2017年1月12日，国家税务总局局长王军接受中央新闻媒体记者采访，就税制改革和减税政策发挥的作用，特别是营改增的减税效应，以及今年的相关工作等回答了记者提问。

税制改革和减税政策助推经济转型升级

在回答关于税制改革和减税政策的作用问题时，王军说，随着我国经济发展进入新常态，2012年至2016年我国GDP增幅从7.8%逐步放缓至6.7%左右。虽然增幅降低了1.1个百分点，但应该看到，这个6.7%左右的增幅是在我国经济规模已超过10万亿美元基础上实现的，仍位居世界前列，实属来之不易；更应该看到，这个6.7%左右的增幅是在质量提升、结构优化、产业升级、动能转换中实现的，更显难能可贵。

王军介绍，近年来，为了推动我国经济保持中高速增长、迈向中高端水平，党中央、国务院实施了一系列重大政策举措，税制改革和减税政策是其中的一个重要方面。主要内容包括：一是2012年在上海的交通运输业和部分现代服务业开始实行营改增试点，到2016年5月1日在金融业等四大行业全面推开，逐步实现了对所有货物、服务的生产、流通和消费环节的全覆盖；二是先后四次扩大小型微利企业减半征收企业所得税政策适用范围，从年应纳税所得额3万元逐步提高至30万元；三是两次放宽小微企业免征增值税、营业税条件，从月销售额5000元提高至3万元；四是两次扩大研发费用加计扣除政策范围，在全国范围内推广中关村税收优惠政策；五是对6个重点支持行业实行更加优惠的固定资产加速折旧政策，而后扩大至10个行业；六是有序扩大高新技术企业认定范围，简化认定手续，等等。

王军认为，随着上述以减税为主要内容的一系列税制改革和优惠政策持续加力，税务部门组织的税收收入增幅从2012年的11.3%下降至2016年的4.8%，下降了6.5个百分点，比同期GDP增幅降得更多。尽管这其中有多种因素，但减税无疑是重要原因之一。税制改革和减税政策不仅直接降低了企业税收负担，而且助推了供给侧结构性改革和企业转型升级，鼓励了大众创业、万众创新，对经济稳增长和市场增活力起到了重要促进作用。

营改增步步扩围不断惠及工业企业

在回答关于营改增对实体经济的效应问题时，王军说，实体经济是国民经济的重要基础，支持实体经济发展是税制改革和减税政策的基本取向。营改增及一系列税收优惠政策惠及了工业企业等实体经济，产生了非常积极的效应。

王军介绍，就营改增来讲，工业企业是原增值税纳税人，本身不在营改增范围之内。但由于他们取得新扩围企业营改增以后开出的增值税专用发票可以进行抵扣，因此从一定意义上讲，他们是营改增的"净受益者"。而且，随着营改增范围的逐步扩大，五年来他们享受的净减税也越来越多。2012年至2015年，以工业企业为主的原增值税纳税人从"3+7"行业增加抵扣减税分别为237亿元、802亿元、1020亿元、1220亿元，呈逐步增加的趋势。特别是2016年减税规模继续扩大，1—4月原增值税纳税人从"3+7"行业增加抵扣减税406亿元，5月份全面推开营改增试点以后，可抵扣进项进一步增加，5—11月除获得"3+7"行业抵扣减税652亿元外，还获得四大行业抵扣新增减税528亿元。这样，2016年1—11月，原增值税纳税人已合计减税1586亿元，约占全部营改增减税额的三分之一。

王军从工业增值税与工业增加值的比值变化情况验证上述结论。他说，2012年这一比值为9.88%，随着营改增试点范围不断扩大，抵扣不断增加，这一比值逐年下降到2013年的9.59%、2014年的9.41%、2015年的9.21%。目前，国家统计局尚未公布2016年工业增加值，由于工业增值税同比下降0.9%，而国家统计局公布的1—11月工业增加值同比增长6%，一降一升，2016年工业增值税与工业增加值的比值肯定会更低一些。

王军还用国家统计局的一组数据，进一步说明营改增和系列减税政策给工业企业带来的政策红利情况。他说，国家统计局调查数据显示，规模以上工业企业的税金（包括应交增值税、企业所得税、营业税金及附加、管理费用下税金等）与营业收入的比值，从2012年开始逐年下降，2012—2015年分别是5.8%、5.77%、5.6%、5.36%。

"这些都说明，营改增及各项税收优惠政策给实体经济、给工业企业、给制造业的减税效果是实实在在的，给这些企业应对经济下行压力谋发展的帮助也是实实在在的。"王军说。

营改增扶小企业上马再送一程

在回答关于营改增对小企业的扶持作用问题时，王军讲，去年全面推开营改增试点的1069万户纳税人中，小规模纳税人934万户，占全部试点纳税人的87%，这些企业本小利薄，他们的经营状况好不好，党中央、国务院高度重视，税务部门也特别关注。这一点既充分体现在了制度设计上，也充分体现在各级税务部门的纳税服务上。

王军说，就制度设计而言，营改增政策规定，对小企业按3%的征收率实行简易征收。如果他们原来缴纳5%的营业税，营改增以后征收率降为3%，负担水平直接降低40%；如果他们原来缴纳3%的营业税，表面上只是税负平移，但实际上计税依据发生了变化，原来营业税的计税依据是含税价，增值税的计税依据则是不含税价，这样换算以后税负也是下降的。

就纳税服务而言，国家税务总局根据营改增各阶段工作重点，先后四次分别出台了各20项共计80项纳税服务措施。各级税务机关点线面结合，反复培训营改增纳税人2130余万户次，发放宣传资料4000多万份，发送政策辅导手机短信7000多万条，通过12366纳税服务热线受理政策咨询2123万通，帮助小企业占大多数的各类企业熟悉、适应并用好营改增政策。同时，各级税务机关通过增设代开发票点、简化发票代开手续、简并发票领用次数、推行网上开票等方式优化发票管理服务，特别是对全国的住宿业小规模纳税人推行自开专用发票试点，以及将取消增值税发票认证的范围扩大到纳税信用C级纳税人，更直接惠及广大小企业，有效降低了他们的办税成本。

王军强调，小企业是营改增受益很大的群体。统计结果显示，2016年5—11月，全国四大行业新纳入营改增的934万户小规模纳税人税负平均下降了26.7%。

一直关注少数企业营改增后税负有不同程度增加问题

在回答关于少数企业营改增后税负增加问题时，王军说，2016年5月1日全面推开营改增试点以来，国家税务总局联合财政部相继发布了多个政策文件，根据企业共性合理诉求，又作出了多个补充规定，并实施了一系列优化服务的措施，所有行业均实现了税负下降。一些企业营改增后税负上升的状况在逐步发生积极变化。2016年5月全面推开营改增试点当月，四大行业中税负上升的纳税人比例为3.9%。经过税企双方共同努力，到7月就降到了2%左右。到2016年11月，四大行业1069万户试点纳税人中，就只有1.5%的纳税人也就是16万户左右的企业存在不同程度的税负上升问题了。

王军分析认为，企业税负波动的表现比较复杂，呈现出结构性变动态势：在四大行业26个小行业中，有的小行业税负上升的企业占比相对多一些，有的少一些，并在变化之中；有的企业这个月税负上升，下个月税负就下降了；在同一个小行业内，有时是这家企业税负上升，有时是那家企业税负上升。但税负上升的程度及额度大多也是呈下降趋势的。

王军表示，企业出现税负波动的原因是多方面的，投资周期、资本构成、管理情况、政策熟悉程度等多种因素都会产生影响。由于企业情况千差万别，在统一的税收政策下确实难以做到所有企业及企业在所有时段的税负都是降低的，尽管变化的趋势是好的，但是，国家税务总局仍将一如既往高度重视这个问题。2016年12月的营改增数据将在2017年1月16日申报期结束后统计出来，国家税务总局将在全面总结评估营改增情况的同时，组织力量专题对1.5%左右的税负上升企业开展分析研判。对企业共性合理诉求，将

积极配合财政部研究完善营改增政策，及时发文解决有关政策及征管问题。另外，还将持续优化服务，对重点行业和短期税负上升明显的企业开展入户辅导，帮助企业改进内部管理，用好用活营改增及相关税收政策，让更多企业获得营改增红利。

企业改善管理对营改增减税政策落地很重要

在回答关于企业内部管理对营改增减税政策落地的影响问题时，王军表示，营改增作为一项税制改革措施，与直接减免税不完全一样，更需要企业根据制度要求的变化，相应着力改进和加强内部管理，以尽量多地享受政策红利。

王军举了两个例子来说明他的看法。第一个例子：2016年5月前后，一些地方出现了酒店业借营改增之名涨价的事件，引起社会关注。对此，国家发展改革委、国家旅游局和各地物价部门立即进行了处理，税务部门也向企业详细解释了营改增政策，消除了企业误解。2016年11月，国家税务总局对餐饮住宿企业的实际减税效果进行了"回头看"。数据显示，5—11月餐饮业实现减税89.5亿元，税负下降50.65%；住宿业实现减税38.9亿元，税负下降36.7%。特别是中国旅游饭店业协会对333户属于一般纳税人也就是规模较大的酒店进行了调查，结果显示，与应缴纳营业税相比，这些酒店越是管理水平高的，更新改造力度大的，进项税额抵扣越充分，税负下降越明显。

第二个例子：麦当劳在全面推开营改增试点以来，自营门店增值税税负明显降低，由2016年1—4月的4.9%降至5—11月的0.6%，同期营业成本占营业收入的比重下降了3个百分点。这一变化，一方面是营改增引入了抵扣机制，同等重要的是麦当劳及时升级了内部管理控制制度，抓住政策调整契机，通过采购体系、原材料加工、物流配送等方面的专业化分工，优化产品链条，经营模式更加灵活，运营效能进一步提升，实现"应抵

尽抵"，税负大为减轻。

王军说，这样的例子比比皆是，说明企业通过加强和改进内部管理、提升经营品质，对于尽量多地获得进项抵扣从而降低税负有着非常重要的作用。正如前天国家发展改革委主任徐绍史在新闻发布会上所说的，企业在经济下行情况下，在注意用好国家政策的同时，练好内功，加强管理，努力降本增效，这样双方的积极性都调动起来了，企业成本下降就会取得更快进展。"我坚信，随着时间推移，企业经营管理会不断改进，进项抵扣会更加充分，营改增减税的效应会越来越明显，对企业的支持会越来越有效。"王军强调。

进一步研究和落实好各项减税政策措施

在回答关于今年减税政策问题时，王军说，中央经济工作会议强调，2017年要降低企业税费负担。财政部肖捷部长在全国财政工作会议上指出，要研究实施新的减税措施。王军表示，在新的一年里，国家税务总局将认真贯彻中央经济工作会议部署，积极配合财政部研究新的减税措施。同时，将加强政策效应分析评估，及时提出完善政策的意见建议；进一步改进办理税收优惠的手续，确保各项税收优惠政策不折不扣落地见效。

王军特别谈到，在新的一年里，要坚决依法收好税，坚决不收"过头税"，坚决落实减免税，坚决打击偷骗税，并要在全国税务系统开展一次"四个坚决"落实情况的税收执法"大督察"，确保真正落到实处。要与财政和各有关部门一起继续扎实做好全面推开营改增试点各项工作，深入开展营改增政策"大辅导"，有针对性地帮助纳税人用好抵扣政策，更好享受减税红利。要在近日启动2017年"便民办税春风行动"，进一步推动对纳税人的"大服务"，多推便民之举，多施利民之策，切实提高纳税人满意度和获得感。要开展好4月份第26个全国税收宣传月活动，掀起新一轮税收"大宣传"，特别是要加强税制改革和减税政策及其实施效果的宣传，让纳税人更好熟悉改革和政策规定及操作办法，获得更多红利。总之，要以各项税收工作的优异成绩，迎接党的十九大胜利召开。

四个"增效剂"让企业"更有感"
做好"加减乘"深化"放管服"
—— 国家税务总局局长王军全国两会部长通道接受中外媒体采访

Four Driving Forces of SAT to Promote Decentralization and Taxpayer Service
while Reducing Tax Burdens
—— SAT Commissioner Wang Jun's Words in a Press Interview Attended
  by Reporters Home and Abroad at the Ministerial Channel of the NPC and CPPCC

2017年3月12日,在全国两会部长通道,国家税务总局局长王军接受中外媒体记者采访。

记者:王军局长您好,想问您两个问题,一个是社会上非常关注营改增和达到的预期效果,2017年继续推进营改增,如何让企业和个人更有获得感?另外一个问题是今年税务部门在推进"放管服"方面有哪些实招,更好地为企业服务?

王军:媒体朋友们大家辛苦了!首先感谢大家对税收工作的关心、理解和支持!

我先回答你第一个问题,无论是理论还是实践都证明,营改增推进的时间越长,效应就会越加显现,企业的获得感就会更加明显。今年,营改增至少还有四个"增效剂"发挥作用,让企业更"有感":

第一是时间上的增效。四大行业推进营改增的时间比去年要多4个月。第二是抵扣上的增效。去年新增不动产的抵扣,按规定已经抵扣了60%,

今年要把剩余的40%结转过来,相应地就会增加抵扣。第三是税制上的增效。增值税税率将由四档简并为三档。第四是政策上的增效。我们会同财政部根据营改增方方面面的情况,将会适时适当地完善营改增相关政策,比如我们将针对建筑业老项目渐少、新项目增多等情况,逐步完善营改增相关政策。等等。

与此同时,随着营改增深入推进,企业在政策把握、投资决策、营销议价、财务管理、合同谈签等方面也会不断改进,以更加适应新税制。我相信,只要税企双方撸起袖子加油干,营改增这一重大供给侧结构性改革的多重效应在今年一定会进一步显现。

我再回答你的第二个问题。深化"放管服"也是推进供给侧结构性改革的重要内容之一。近年来税务部门做了一些工作,取得了一些成效,今年我们将继续加大力度。

一是在简政放权上做好"减法"。下个月,税务总局将公布自己的权力和责任清单,晒出权责"家底",接受社会监督,也请媒体的朋友们加强监督。

二是在后续管理上做好"加法"。我们将加大涉税信息共享共用的力度,将加大税收社会共治的力度,将加大纳税诚信体系建设的力度,让诚信者一路绿灯、让失信者步步难行。

三是在优化服务上做好"乘法"。我不喊口号，我们有条件，也有决心做到这一点。去年10月，新的税收信息系统在全国各级国税和地税部门顺利上线并平稳运行，我们的决心更大，我们将加快电子税务局建设步伐，让纳税人多跑"网路"少跑"马路"。我们要加快纳税人实名办税步伐，信息一次录入，时时处处便利。我们要加快发票的领用和代开线上办理步伐，既方便纳税人抵扣，又节省办税人时间，等等，我们会尽最大努力把工作做得更好。

全国税收收入情况分析（2017年第1季度）

Analysis of the Nationwide Tax Revenue Statistics (1st Quarter of 2017)

2017年第1季度，全国税务部门组织的税收收入（未扣减出口退税）完成36739.1亿元，增长11.5%。全国共办理出口退税3422.32亿元，增长8.2%。

一、税收收入较快增长

2017年第1季度，税务部门组织税收收入增长11.5%。税收收入增长较快，主要是宏观经济呈现稳中向好的态势，与税收关联度较大的经济指标表现积极。分税种看，国内货物劳务税收入完成18666.1亿元，增长6.3%，其中国内增值税和营业税合计增长6%，国内消费税增长5.5%，车辆购置税增长18.5%。所得税收入完成11518.76亿元，增长19%，其中企业所得税增长18%，个人所得税增长20.9%。财产行为税收入完成6554.16亿元，增

（亿元）

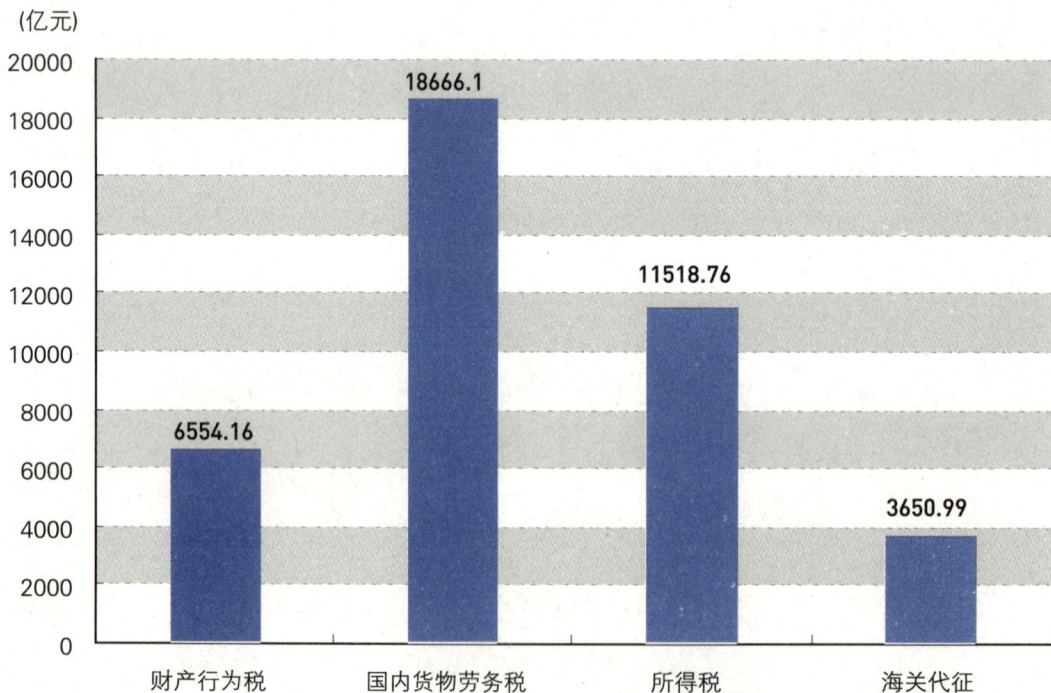

图1　税收收入分税种结构图示 (2017年第1季度)

注：部分数据因四舍五入的原因，存在与分项合计不等的情况。下同。

长14.6%，其中证券交易印花税下降11.4%，资源税、土地增值税、房产税和契税增长较快，增幅分别为62.8%、26.1%、13%和17.9%。

二、中央级和地方级收入平稳较快增长

2017年第1季度，税务部门组织的中央级和地方级收入分别完成18863.67亿元和17875.44亿元，分别增长21.7%和2.4%；按全面推开营改增试点、实施调整中央与地方增值税收入划分过渡方案对2016年执行数调整后的新口径计算，分别增长10.5%和12.5%。

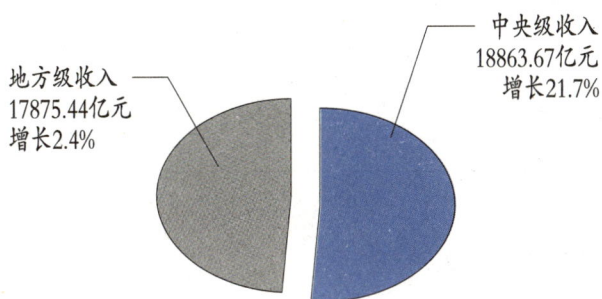

图2　中央级和地方级税收收入图示
(2017年第1季度)

三、第二产业税收增速较高

2017年第1季度，第二产业税收增长15.7%。具体看，工业税收增长19.8%，建筑业税收下降

6.7%。工业中，采矿业税收增长1.1倍，其中煤炭开采和洗选业税收增长1.6倍。制造业税收增长18.6%，其中石油加工、钢铁、有色、非金属矿物制品等资源类行业税收分别增长19%、47.2%、69.6%、30.6%，通用设备、专用设备、汽车、电气器材、通信设备等高端制造业税收分别增长24.1%、15.6%、18.9%、10.4%、17.1%，烟草行业税收下降3.2%。

四、第三产业税收继续较快增长

2017年第1季度，第三产业税收增长12.2%。批发和零售业税收增长23.6%，软件和信息技术服务业、租赁和商务服务业税收分别增长42.1%和10.9%，房地产业税收增长15.3%，住宿和餐饮业税收下降29.9%。金融业税收增长0.7%，其中货币金融服务业、保险业税收分别增长2.1%和20.4%，资本市场服务业税收下降15.3%。

五、中西部地区税收增速高于东部地区

2017年第1季度，东、中、西三大区域税收分别增长9.4%、14.7%和16.6%，中西部地区增速高于东部地区。具体来看，全国36个省区市税收增速在10%以上的地区有24个，增速介于0%～10%之间的地区有11个，负增长的地区有1个。

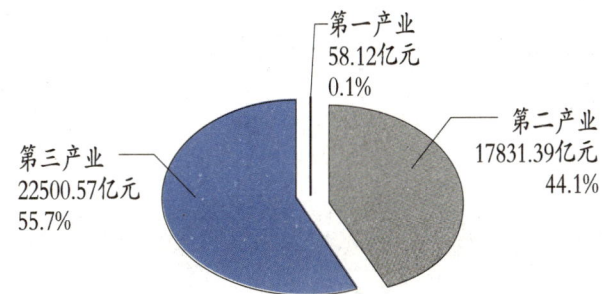

图3　税收收入分产业结构图示
(2017年第1季度)

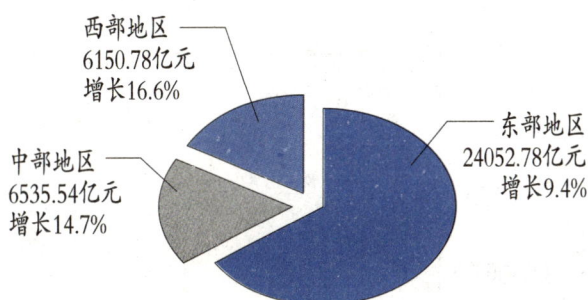

图4　东、中、西部地区税收增长图示
(2017年第1季度)

收入 (亿元)

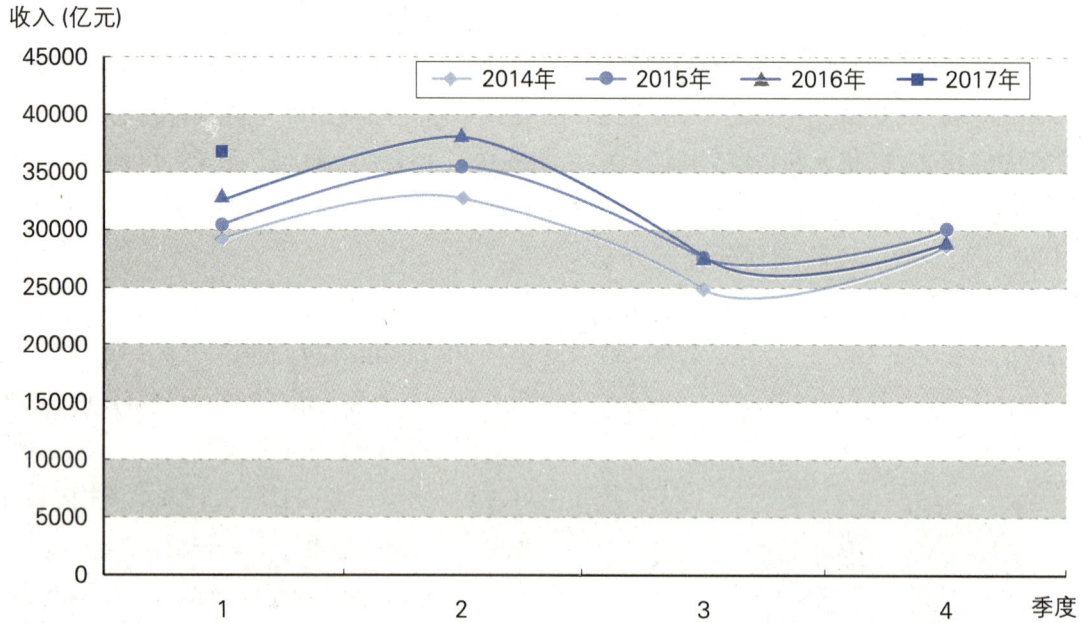

图5　近年各季度税务部门组织税收收入图示

增长 (%)

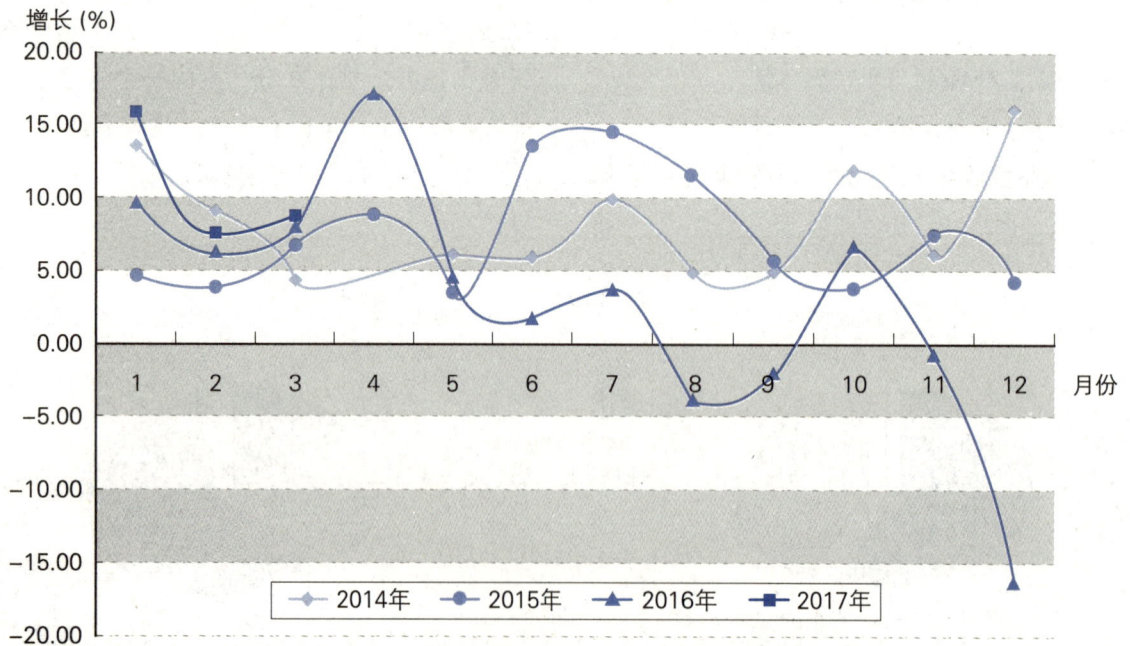

图6　近年各月份税务部门组织税收收入增幅图示

税务部门组织收入分税种完成情况

Tax Revenue Collected by Taxation Departments by Category of Taxes

项　　目	2016年1季度收入 (亿元)	增长(%)	2017年1季度收入 (亿元)	增长(%)
税收收入合计	35503.16	6.47	40390.09	13.76
（一）税务部门组织收入	32953.27	4.18	36739.10	10.54
1. 国内增值税	8254.63	6.48	14619.61	77.11
2. 国内消费税	3010.22	7.54	3176.05	5.51
3. 营业税	5639.88	13.05	102.15	−98.19
4. 企业所得税	6542.31	5.61	7721.90	18.03
5. 个人所得税	3140.84	18.09	3796.86	20.89
6. 资源税	208.85	−24.73	340.08	62.84
7. 城镇土地使用税	516.13	4.46	564.41	9.36
8. 城市维护建设税	1104.20	8.57	1162.43	5.27
9. 印花税	622.02	−5.67	629.29	1.17
其中：证券交易印花税	355.71	−15.87	315.22	−11.38
10. 土地增值税	1118.10	19.22	1410.21	26.13
11. 房产税	497.96	10.14	562.59	12.98
12. 车船税	174.59	9.01	196.93	12.80
13. 车辆购置税	648.43	−15.51	768.29	18.48
14. 烟叶税	8.82	−30.12	3.35	−61.99
15. 耕地占用税	471.92	12.61	512.09	8.51
16. 契税	994.37	6.03	1172.77	8.53
（二）海关代征进口税收	2549.89	−11.91	3650.99	43.18

注：表中"税收收入"不含关税和船舶吨税，未扣减出口退税。

各税种
Tax Revenue by

年	月	国内增值税	国内消费税	企业所得税	个人所得税	资源税	城镇土地使用税	城市维护建设税
收　入（亿元）								
2015	1-12	31225.81	10640.02	27711.92	8616.55	1034.95	2142.49	3910.10
2016	1-12	40829.99	10368.09	29123.44	10090.38	950.81	2256.66	4050.55
2016	1	3096.13	900.05	4777.13	1122.67	77.31	265.51	461.81
	2	2809.80	1383.85	842.18	882.25	58.40	73.90	355.12
	3	2348.70	726.32	923.01	1135.92	73.14	176.72	287.27
	4	2527.50	828.56	3905.81	849.77	60.00	265.98	416.33
	5	2557.83	844.08	3774.72	856.82	68.74	123.92	358.25
	6	3623.05	836.03	4264.82	846.15	101.49	225.70	284.23
	7	4187.58	824.68	4458.92	766.96	69.45	259.36	339.89
	8	3228.05	835.57	680.02	729.99	67.37	67.69	267.97
	9	3670.02	868.86	682.70	709.98	92.05	157.56	282.71
	10	4886.72	924.18	3818.71	700.18	82.60	275.21	368.04
	11	3817.05	730.52	561.51	711.90	99.10	154.38	303.86
	12	4077.57	665.39	433.91	777.79	101.16	210.74	325.05
	1-3	8254.63	3010.22	6542.31	3140.84	208.85	516.13	1104.20
2017	1	6391.22	986.42	5808.46	1311.17	125.13	316.79	514.60
	2	4085.57	1292.37	754.68	1500.06	101.11	76.53	359.53
	3	4142.82	897.26	1158.75	985.64	113.85	171.10	288.30
	1-3	14619.61	3176.05	7721.90	3796.86	340.08	564.41	1162.43
比上年同期增长（%）								
2015	1-12	0.8	18.6	4.8	16.8	−4.5	7.7	7.4
2016	1-12	30.8	−2.6	5.1	17.1	−8.1	5.3	3.6
2016	1	11.1	26.0	7.0	20.1	−20.2	1.7	11.9
	2	9.6	5.7	−3.6	24.5	−29.4	16.0	7.2
	3	−2.3	−6.4	8.1	11.8	−25.3	4.3	5.1
	4	6.0	0.3	8.0	25.9	−23.1	−0.3	28.7
	5	3.4	0.7	−16.1	30.4	−26.9	−15.4	22.9
	6	21.2	−3.1	48.0	11.7	−12.5	2.5	−15.7
	7	78.9	−4.9	13.6	7.9	−6.1	11.6	−0.4
	8	48.5	−6.6	−4.6	9.2	−10.4	−12.6	−4.8
	9	40.8	−1.6	−3.9	14.1	17.3	24.2	−4.0
	10	74.9	−9.6	8.6	21.1	19.1	14.8	4.6
	11	48.3	−6.0	−19.0	21.6	17.9	15.2	1.2
	12	30.0	−23.4	−55.0	10.9	14.5	3.1	−12.5
	1-3	6.5	7.5	5.6	18.1	−24.7	4.5	8.6
2017	1	106.4	9.6	21.6	16.8	61.9	19.3	11.4
	2	45.4	−6.6	−10.4	70.0	73.1	3.6	1.2
	3	76.4	23.5	25.5	−13.2	55.7	−3.2	0.4
	1-3	77.1	5.5	18.0	20.9	62.8	9.4	5.3

收入情况
Category of Taxes

印花税	证券交易印花税	土地增值税	房产税	车船税	车辆购置税	烟叶税	耕地占用税	契税	海关代征进口税收
收入（亿元）									
3444.83	2554.34	3832.61	2051.21	617.50	2792.55	142.79	2048.01	3879.89	12615.88
2216.99	1256.17	4213.20	2221.90	680.56	2674.09	130.71	2008.15	4296.13	12879.95
287.75	145.37	423.93	252.15	59.99	275.26	3.68	87.06	330.64	778.32
161.36	100.99	264.84	83.90	66.79	163.39	0.86	78.70	250.93	763.15
172.91	109.35	429.33	161.91	47.81	209.78	4.28	306.16	412.79	1008.43
220.86	130.88	378.21	311.71	64.59	196.50	0.09	51.98	316.29	1005.19
175.47	102.42	373.14	208.53	58.18	212.73	0.60	91.35	336.25	1048.30
165.46	95.40	469.15	147.48	58.59	198.93	4.06	420.09	472.53	1068.70
207.57	127.84	319.15	207.52	51.60	197.32	1.60	86.54	306.52	1138.59
191.78	131.51	284.71	65.08	48.10	216.06	3.38	104.50	351.92	1129.66
140.71	73.01	327.01	120.51	55.28	230.23	34.85	180.04	356.95	1085.31
149.11	68.50	316.00	323.19	56.28	220.07	38.32	101.47	296.02	1106.72
191.05	119.09	308.41	171.34	54.82	256.07	28.59	149.02	393.69	1257.48
152.97	51.81	319.32	168.58	58.54	297.74	10.39	351.24	471.60	1490.12
622.02	355.71	1118.10	497.96	174.59	648.43	8.82	471.92	994.37	2549.89
297.76	127.95	532.76	322.96	66.60	292.29	2.53	80.90	325.02	1091.74
164.38	94.95	326.49	101.78	72.91	208.42	0.32	79.43	289.45	1153.32
167.14	92.32	550.96	137.86	57.42	267.58	0.50	351.75	558.30	1405.93
629.29	315.22	1410.21	562.59	196.93	768.29	3.35	512.09	1172.77	3650.99
比上年同期增长（%）									
123.4	281.7	-2.1	10.8	14.1	-3.2	1.2	2.84	-2.10	-12.66
-35.6	-50.8	9.9	8.3	10.2	-4.2	-8.5	-1.95	10.73	2.09
-4.6	-16.7	13.6	14.6	5.2	-10.6	-44.5	2.77	11.35	-27.29
10.7	13.0	17.2	6.5	14.2	-31.9	-45.0	20.61	7.69	-13.35
-18.4	-31.2	26.8	5.6	7.1	-4.5	-3.2	13.77	25.47	6.91
-34.7	-51.5	41.0	10.3	10.5	-15.4	-76.9	-29.87	13.57	-3.23
-46.9	-61.7	17.2	12.0	7.5	-7.4	-26.3	-37.70	9.81	5.24
-64.6	-75.6	-15.3	-5.3	15.6	-7.1	-38.3	-4.59	13.00	4.01
-40.4	-52.7	20.7	10.3	15.9	-13.1	7.7	31.39	9.18	2.23
-47.1	-55.8	14.9	-20.1	-2.9	-3.2	-15.6	53.22	8.80	16.09
-28.2	-45.2	15.1	-13.4	14.8	-3.8	-4.4	10.40	3.86	3.27
-25.1	-47.1	22.5	23.2	8.0	3.3	9.9	3.98	16.05	7.57
-33.4	-44.6	4.9	11.2	18.8	25.4	-7.2	-25.33	10.37	18.62
-40.3	-67.0	-21.3	13.0	9.2	23.0	-29.6	-5.98	2.88	4.04
-5.7	-15.9	19.2	10.1	9.0	-15.5	-30.1	12.61	15.76	-11.91
3.5	-12.0	25.7	28.1	11.0	6.2	-31.5	-7.07	-1.70	40.27
1.9	-6.0	23.3	21.3	9.2	27.6	-62.5	0.93	15.35	51.13
-3.3	-15.6	28.3	-14.9	20.1	27.6	-88.2	14.89	35.25	39.42
1.2	-11.4	26.1	13.0	12.8	18.5	-62.0	8.51	17.94	43.18

重点行业货物
Goods and Service Tax

年	月	工业增值税及消费税						
			卷烟	酒	纺织品	煤炭	原油	成品油	电力

年	月		卷烟	酒	纺织品	煤炭	原油	成品油	电力
收　入（亿元）									
2015	1-12	32293.22	6497.38	411.77	515.11	812.64	464.09	5026.44	2357.58
2016	1-12	31828.01	6373.85	419.79	465.60	796.62	283.58	4792.09	2338.07
2016	1	2798.29	451.19	32.15	38.55	44.50	15.89	434.43	157.55
	2	3188.66	1126.24	49.80	35.10	43.86	5.84	437.09	189.32
	3	2338.15	351.76	33.88	40.84	48.41	9.82	436.00	199.38
	4	2436.84	453.07	31.23	29.95	51.41	13.48	420.57	172.00
	5	2554.55	462.28	30.54	37.30	54.53	24.53	438.31	211.04
	6	2861.51	463.66	34.31	52.11	60.47	28.48	431.34	220.95
	7	2435.88	497.45	37.83	28.68	57.58	27.08	402.78	201.26
	8	2412.82	509.64	33.99	33.41	59.77	33.45	390.87	227.54
	9	2768.90	516.67	41.66	44.79	71.74	31.51	415.58	233.97
	10	2849.38	586.38	41.17	38.18	87.22	30.98	391.10	198.49
	11	2598.25	417.40	30.58	42.37	113.32	33.45	370.39	194.37
	12	2584.78	538.10	22.67	44.32	103.84	29.07	223.63	132.20
	1-3	8325.11	1929.19	115.82	114.49	136.76	31.55	1307.52	546.25
2017	1	3201.54	500.57	62.08	38.44	142.32	18.35	476.81	133.67
	2	3068.85	928.08	57.29	28.83	122.29	21.29	518.85	144.48
	3	3233.87	451.41	40.06	45.55	143.19	45.44	527.72	154.45
	1-3	9504.27	1880.06	159.43	112.82	407.81	85.08	1523.39	432.61
比上年同期增长（%）									
2015	1-12	4.2	10.4	0.3	1.6	−30.5	−50.1	37.0	5.1
2016	1-12	−1.4	−1.9	1.9	−9.6	−2.0	−38.9	−4.7	−0.8
2016	1	14.3	36.2	1.8	2.4	−30.3	−35.9	23.9	0.1
	2	5.3	5.7	11.6	4.9	−36.1	−78.9	11.5	−6.0
	3	−5.8	−15.4	−4.0	−7.6	−28.9	−74.7	7.2	8.2
	4	−0.3	5.7	−3.0	−17.8	−22.6	−69.9	−5.4	−2.2
	5	−2.0	0.3	2.7	−11.1	−24.2	−38.4	−2.8	7.3
	6	−7.0	−6.7	−8.8	−11.7	−28.4	−51.4	−9.7	1.8
	7	1.2	−1.3	−1.6	−9.7	−14.7	−37.1	−4.1	12.2
	8	0.5	−11.2	12.4	−7.9	−1.3	−23.8	−8.2	12.1
	9	0.9	−6.2	14.5	−4.1	15.4	−26.3	0.6	6.9
	10	−3.1	−11.8	14.2	−8.5	48.3	−14.3	−9.3	−10.3
	11	−0.4	−0.4	10.7	−9.1	68.3	2.2	−12.8	2.0
	12	−16.8	−8.1	−29.1	−25.2	42.5	−6.4	−42.5	−37.6
	1-3	4.6	6.4	3.9	−0.7	−31.8	−65.4	13.8	0.6
2017	1	14.4	10.9	93.1	−0.3	219.8	15.5	9.8	−15.2
	2	−3.8	−17.6	15.1	−17.9	178.8	264.4	18.7	−23.7
	3	38.3	28.3	18.3	11.5	195.8	362.8	21.0	−22.5
	1-3	14.2	−2.5	37.7	−1.5	198.2	169.7	16.5	−20.8

劳务税收入情况
Revenue by Principal Industries

化工产品	机械运输设备	钢坯钢材	有色金属	建材	服装皮革	电气器材	电信设备	商业增值税	营改增
收入（亿元）									
996.18	4688.91	345.85	361.34	834.24	773.45	1165.26	1178.26	6289.07	3283.55
1055.51	4870.65	352.56	383.65	885.99	680.11	1146.22	1123.69	7024.55	12345.52
88.88	515.72	16.47	26.73	74.40	57.42	118.38	90.28	734.49	463.40
79.62	410.11	17.33	18.84	59.67	49.20	76.98	83.73	671.93	333.06
73.42	334.17	26.08	24.43	45.60	68.82	90.43	128.54	415.98	320.89
86.92	413.41	27.25	27.78	57.17	48.45	86.48	64.43	542.72	376.51
89.04	370.76	34.16	27.97	70.52	56.22	89.29	95.18	493.57	353.80
103.09	432.19	46.44	40.51	88.31	68.56	124.92	113.32	535.18	1062.38
85.22	331.85	25.12	27.06	66.13	38.80	87.73	63.70	614.14	1962.24
83.23	319.97	22.23	30.01	70.06	47.39	67.70	72.55	497.04	1153.75
92.59	372.33	38.12	37.05	82.04	63.13	93.59	121.71	554.51	1215.47
93.10	453.49	29.13	38.62	83.85	56.19	111.02	108.02	679.47	2282.06
89.34	445.23	36.37	41.88	93.70	58.44	88.83	83.72	602.94	1346.38
91.06	471.42	33.86	42.77	94.53	67.50	110.87	98.50	682.60	1475.58
241.91	1260.00	59.88	70.00	179.67	175.43	285.79	302.56	1822.39	1117.35
113.34	595.86	22.61	39.98	100.48	57.27	123.45	104.41	988.95	3187.14
84.79	394.67	23.65	35.07	72.60	47.23	63.32	63.15	834.03	1475.05
106.02	504.36	38.01	52.89	65.89	84.82	121.01	232.76	589.47	1216.75
304.14	1494.90	84.27	127.94	238.97	189.32	307.77	400.31	2412.45	5878.94
比上年同期增长（%）									
3.8	1.9	−10.0	−6.3	−13.5	4.0	7.6	−0.3	2.9	15.1
6.0	3.9	1.9	6.2	6.2	−12.1	−1.6	−4.6	11.7	276.0
7.6	22.6	−34.4	3.0	0.0	5.2	6.2	3.0	10.8	19.0
2.1	15.4	−22.4	−25.6	−3.1	−5.4	−0.3	3.3	13.9	31.0
11.3	−10.2	−26.2	−10.1	−16.2	−10.2	5.0	0.8	−12.7	46.2
14.1	9.5	−3.0	0.2	18.0	−21.2	0.7	−5.3	13.5	31.1
1.2	−1.6	19.7	−13.3	5.5	−16.1	−8.2	−4.4	3.8	53.9
6.8	−1.7	2.7	−11.1	−1.6	−19.9	−9.7	−11.7	2.0	325.1
11.7	−4.8	29.4	−2.2	13.7	−5.2	27.8	7.4	20.1	574.7
25.7	20.4	6.5	21.6	9.8	0.8	0.1	13.9	17.3	374.2
5.9	0.6	24.7	36.9	9.0	−10.8	−5.7	−0.4	10.8	396.9
3.9	12.8	24.3	33.3	15.9	−19.2	−4.3	−5.6	17.5	663.4
−1.0	6.7	23.1	35.5	16.5	−13.7	−1.4	−12.1	21.7	441.0
−8.2	−13.2	−9.3	12.4	6.6	−15.7	−12.9	−25.0	19.4	351.2
6.8	9.8	−27.7	−10.7	−5.6	−4.2	4.0	2.2	5.4	29.5
27.5	15.5	37.3	49.6	35.1	−0.3	4.3	15.6	34.6	587.8
6.5	−3.8	36.5	86.1	21.7	−4.0	−17.8	−24.6	24.1	342.9
44.4	50.9	45.7	116.5	44.5	23.3	33.8	81.1	41.7	279.2
25.7	18.6	40.7	82.8	33.0	7.9	7.7	32.3	32.4	426.1

重点行业所得税收入情况
Income Tax Revenue by Principal Industries

年	月	企业所得税	工业	商业	金融保险业	交通运输业	建筑业	电信业	住宿餐饮业	租赁及商务服务业	房地产业	个人所得税	利息、股息、红利所得	工资薪金
收入（亿元）														
2015	1-12	27711.92	7425.16	2805.99	8571.76	682.66	1572.10	445.00	82.44	1759.66	2870.52	8616.55	894.44	5596.32
2016	1-12	29123.44	7328.93	2748.32	8801.97	653.18	1616.33	474.09	95.87	1890.79	3641.23	10090.38	895.28	6707.37
2016	1	4777.13	1414.32	599.04	940.62	121.90	252.49	52.67	16.30	417.70	580.51	1122.67	138.59	729.65
	2	842.18	149.92	91.31	282.97	22.51	83.23	15.59	1.99	43.62	71.62	882.25	57.73	667.14
	3	923.01	207.76	76.91	271.62	20.17	98.51	14.71	1.85	67.70	111.38	1135.92	74.50	855.41
	4	3905.81	1234.52	470.26	941.35	97.70	253.77	112.87	14.46	222.89	321.27	849.77	66.07	530.06
	5	3774.72	575.69	265.95	1701.18	74.55	223.95	24.66	10.06	250.12	423.69	856.82	121.05	535.03
	6	4264.82	619.40	215.38	1789.79	50.19	176.42	59.31	6.55	341.44	784.36	846.15	79.02	580.00
	7	4458.92	1323.81	471.64	1239.66	104.70	157.52	88.39	16.24	230.98	558.45	766.96	72.96	467.40
	8	680.02	157.55	39.73	244.51	18.27	51.79	11.54	2.25	13.90	92.56	729.99	62.09	471.28
	9	682.70	160.05	54.15	222.21	17.08	44.33	9.88	1.99	35.66	91.17	709.98	62.33	453.28
	10	3818.71	1300.97	407.53	826.33	100.64	168.18	82.81	18.64	151.60	457.02	700.18	53.83	456.81
	11	561.51	87.62	23.59	205.17	14.99	46.51	5.73	4.41	96.25	91.05	711.90	48.42	462.92
	12	433.91	97.32	32.84	136.57	10.49	59.64	-4.06	1.12	18.92	58.17	777.79	58.67	498.38
	1-3	6542.31	1772.00	767.25	1495.21	164.58	434.22	82.97	20.14	529.02	763.50	3140.84	270.83	2252.21
2017	1	5808.46	1737.94	724.25	947.90	131.34	317.18	40.79	21.62	469.51	920.67	1311.17	118.35	857.63
	2	754.68	143.46	52.45	253.32	20.70	62.28	15.53	1.41	45.01	105.13	1500.06	85.76	1226.49
	3	1158.75	264.21	95.27	331.20	31.24	54.08	11.22	2.62	82.79	180.84	985.64	73.91	631.53
	1-3	7721.90	2145.62	871.98	1532.43	183.27	433.55	67.54	25.65	597.31	1206.64	3796.86	278.01	2715.64
比上年同期增长（%）														
2015	1-12	4.8	-5.3	-2.5	13.9	14.2	6.7	-11.5	-3.6	40.9	-3.0	16.8	14.9	16.1
2016	1-12	5.1	-1.3	-2.1	2.7	-4.3	2.8	6.5	16.3	7.5	26.8	17.1	0.1	19.9
2016	1	7.0	-1.4	2.7	2.1	0.7	6.1	22.1	9.3	39.2	16.3	20.1	17.0	20.6
	2	-3.6	-12.4	18.3	-10.9	25.4	-17.2	-14.2	-9.1	0.9	-2.0	24.5	8.3	40.2
	3	8.1	-12.6	1.8	13.3	-0.3	20.7	74.6	-16.0	12.3	22.4	11.8	0.1	9.9
	4	8.0	5.0	-4.6	-7.5	-0.2	98.1	0.3	36.6	18.2	47.2	25.9	-1.6	18.8
	5	-16.1	-17.4	-8.2	-25.5	-10.5	28.7	-6.1	39.7	-5.4	-9.5	30.4	70.9	24.1
	6	48.0	5.7	-4.7	116.3	3.5	-2.4	132.9	-1.6	43.1	29.7	11.7	-24.9	31.3
	7	13.6	9.9	4.1	8.7	-13.3	6.5	5.8	-3.6	-5.5	86.9	7.9	-27.5	18.2
	8	-4.6	1.7	-25.4	9.3	14.8	-30.6	-6.4	15.8	-74.0	14.6	9.2	-30.5	13.3
	9	-3.9	10.8	-9.3	8.2	-20.8	-51.9	-21.7	5.3	-28.1	5.4	14.1	-12.0	15.3
	10	8.6	5.9	2.9	-4.6	8.0	18.8	-11.3	36.2	-23.7	62.6	21.1	14.0	16.1
	11	-19.0	-48.3	-50.5	3.0	-24.8	-43.9	3.0	80.2	101.7	14.7	21.6	10.5	20.0
	12	-55.0	-56.0	-36.3	-58.6	-53.1	-54.1	-213.9	-40.3	-73.1	-35.1	10.9	10.2	14.8
	1-3	5.6	-3.9	4.3	1.1	3.3	3.4	19.0	4.4	31.1	15.1	18.1	10.0	21.1
2017	1	21.6	22.9	20.9	0.8	7.7	25.6	-22.5	32.6	12.4	58.6	16.8	-14.6	17.5
	2	-10.4	-4.3	-42.6	-10.5	-8.1	-25.2	-0.4	-29.0	3.2	46.8	70.0	48.5	83.8
	3	25.5	27.2	23.9	21.9	54.9	-45.1	-23.8	42.0	22.3	62.4	-13.2	-0.8	-26.2
	1-3	18.0	21.1	13.6	2.5	11.4	-0.2	-18.6	27.4	12.9	58.0	20.9	2.7	20.6

税务部门组织税收收入分级次分国税局地税局情况

Tax Revenue by Budgetary Level Collected by National and Local Taxation Departments

年	月	中央级	地方级	国税局	地税局
		收　入（亿元）			
2015	1-12	61049.29	62356.31	68555.90	54849.69
2016	1-12	62568.62	65050.46	76563.20	51055.88
2016	1	7013.36	8063.73	7860.43	7216.67
	2	4627.59	4156.28	5086.96	3696.91
	3	3863.67	5228.63	4043.23	5049.07
	4	5825.66	7673.05	6700.20	6798.51
	5	6165.91	6139.78	6608.36	5697.33
	6	6571.00	5805.16	7815.37	4560.78
	7	6673.18	5662.74	8778.35	3557.57
	8	3735.41	3450.93	4868.98	2317.37
	9	3926.06	4025.03	5279.02	2672.06
	10	6533.36	6053.51	8947.56	3639.31
	11	3811.30	4158.42	5244.45	2725.27
	12	3822.11	4633.21	5330.29	3125.03
	1-3	15504.62	17448.64	16990.62	15962.65
2017	1	9091.35	8326.08	11828.50	5588.93
	2	5061.32	4375.36	6218.87	3217.82
	3	4710.99	5173.99	6231.37	3653.61
	1-3	18863.66	17875.43	24278.74	12460.36
		比上年同期增长（%）			
2015	1-12	8.4	6.1	7.5	6.9
2016	1-12	2.5	4.3	11.7	-6.9
2016	1	9.1	10.0	6.7	12.9
	2	4.7	8.0	5.0	8.0
	3	-2.8	17.5	-3.3	19.0
	4	2.2	31.5	0.7	39.3
	5	-11.1	26.8	-11.6	32.5
	6	11.4	-7.5	22.9	-21.5
	7	13.0	-5.6	27.7	-29.3
	8	-0.4	-7.4	18.6	-31.3
	9	1.1	-5.0	21.1	-29.0
	10	10.5	2.6	28.0	-24.4
	11	1.3	-2.7	23.3	-28.0
	12	-14.7	-17.8	4.7	-37.8
	1-3	4.6	11.6	3.7	13.5
2017	1	29.6	3.3	50.5	-22.6
	2	9.4	5.3	22.3	-13.0
	3	21.9	-1.0	54.1	-27.6
	1-3	21.7	2.4	42.9	-21.9

注：表中"中央级""国税局"税收收入不含海关代征税收。

东、中、西部税务部门组织税收收入情况

Tax Revenue Collected by Taxation Departments in Eastern, Central and Western Regions

年	月	税收收入	东 部	中 部	西 部
			收　入（亿元）		
2015	1-12	123405.60	80122.12	21734.54	21548.93
2016	1-12	127619.08	83666.24	22251.34	21701.51
2016	1	15077.09	10518.92	2355.93	2202.25
	2	8783.88	5733.02	1599.74	1451.12
	3	9092.30	5725.20	1744.21	1622.89
	4	13498.71	9016.87	2269.56	2212.27
	5	12305.69	8516.23	1880.22	1909.24
	6	12376.15	8399.91	2022.08	1954.16
	7	12335.92	8537.52	1957.10	1841.30
	8	7186.35	4615.90	1310.29	1260.16
	9	7951.08	4940.18	1547.83	1463.07
	10	12586.87	8225.40	2221.65	2139.82
	11	7969.72	4661.90	1606.19	1701.63
	12	8455.32	4775.17	1736.56	1943.59
	1-3	32953.27	21977.14	5699.87	5276.26
2017	1	17417.43	11818.93	2874.39	2724.11
	2	9436.69	5931.24	1795.53	1709.93
	3	9884.99	6302.61	1865.63	1716.75
	1-3	36739.10	24052.78	6535.54	6150.78
			比上年同期增长（%）		
2015	1-12	7.2	9.5	3.0	3.5
2016	1-12	3.4	4.4	2.4	0.7
2016	1	9.6	11.4	5.4	5.8
	2	6.2	10.3	1.5	−2.9
	3	7.9	9.8	5.5	4.2
	4	17.0	15.8	21.2	17.9
	5	4.5	2.5	6.7	12.1
	6	1.7	8.4	−10.6	−9.5
	7	3.6	4.4	4.7	−0.7
	8	−3.9	−3.3	−4.4	−5.6
	9	−2.1	−2.0	−1.5	−3.1
	10	6.6	6.1	10.8	4.4
	11	−0.8	−4.1	4.9	3.5
	12	−16.4	−17.8	−14.2	−14.8
	1-3	8.2	10.7	4.3	2.8
2017	1	15.5	12.4	22.0	23.7
	2	7.4	3.5	12.2	17.8
	3	8.7	10.1	7.0	5.8
	1-3	11.5	9.4	14.7	16.6

注：1. 表中税收收入不含海关代征税收。
　　2. 表中"东部"地区包括北京、天津、河北、辽宁、上海、江苏、浙江、福建、山东、广东和海南。
　　3. 表中"中部"地区包括山西、吉林、黑龙江、安徽、江西、河南、湖北和湖南。
　　4. 表中"西部"地区包括内蒙古、广西、四川、重庆、贵州、云南、西藏、陕西、甘肃、青海、宁夏和新疆。

分地区分国税局地税局税收收入情况(2017年第1季度)

Tax Revenue Collected by National and Local Taxation Departments by Region (1st Quarter of 2017)

地　　区	税收收入(亿元)	增长(%)	国税局税收收入(亿元)	增长(%)	地税局税收收入(亿元)	增长(%)
全　国	36739.10	11.5	24278.74	42.9	12460.36	−21.9
北　京	3210.00	16.5	2193.93	39.0	1016.07	−13.7
天　津	909.95	12.5	595.83	48.2	314.12	−22.8
河　北	1183.43	18.7	765.72	58.2	417.71	−18.5
山　西	626.50	45.7	414.28	99.4	212.21	−4.4
内蒙古	631.96	23.7	346.11	66.7	285.85	−5.8
辽　宁	691.37	11.2	491.97	39.5	199.39	−25.8
大　连	303.04	6.0	207.75	31.2	95.29	−25.2
吉　林	462.21	1.5	319.56	21.2	142.65	−25.6
黑龙江	467.82	7.1	303.15	36.9	164.67	−23.6
上　海	3958.56	4.1	2738.54	22.1	1220.01	−21.7
江　苏	3240.21	−1.8	2187.60	36.8	1052.61	−38.1
浙　江	2056.37	12.3	1251.86	47.2	804.51	−17.9
宁　波	700.03	17.2	482.38	37.7	217.66	−11.9
安　徽	1001.39	13.7	635.75	57.5	365.64	−23.3
福　建	755.82	10.9	470.46	40.2	285.35	−17.4
厦　门	279.36	7.4	161.36	34.5	118.00	−15.7
江　西	751.84	11.4	470.14	72.9	281.71	−30.1
山　东	1609.08	9.3	973.81	37.1	635.27	−16.6
青　岛	410.43	18.2	252.15	44.8	158.28	−8.6
河　南	1044.86	13.9	684.42	60.7	360.45	−26.6
湖　北	1280.14	15.2	822.43	43.3	457.71	−14.9
湖　南	900.77	13.5	634.10	43.3	266.67	−24.0
广　东	2987.19	19.2	1971.14	45.3	1016.05	−11.6
深　圳	1501.18	1.5	899.14	33.8	602.04	−25.4
广　西	517.61	5.9	346.80	39.7	170.81	−29.0
海　南	256.76	9.2	163.23	62.9	93.53	−30.7
重　庆	641.32	5.5	415.96	43.8	225.36	−29.3
四　川	1221.75	10.2	795.77	59.3	425.98	−30.1
贵　州	609.63	14.6	385.01	63.0	224.61	−24.1
云　南	675.19	21.8	508.32	49.7	166.86	−22.3
西　藏	93.50	63.9	93.50	63.9		
陕　西	755.63	37.0	559.24	79.5	196.38	−18.2
甘　肃	324.76	8.2	252.70	37.9	72.06	−38.3
青　海	96.68	43.6	68.68	113.2	28.00	−20.3
宁　夏	147.01	23.1	105.50	49.3	41.51	−14.9
新　疆	435.75	15.3	310.44	42.1	125.31	−21.4

注：表中税收收入不含海关代征税收。

分地区主要税种

Tax Revenue of Main Categories

地 区	国内增值税 (亿元)	增长(%)	国内消费税 (亿元)	增长(%)	企业所得税 (亿元)	增长(%)
全　国	14619.61	77.1	3176.05	5.5	7721.90	18.0
北　京	930.59	78.4	65.64	7.5	1351.12	23.5
天　津	336.33	79.3	44.83	−9.5	255.37	30.0
河　北	477.79	92.1	125.19	49.2	221.49	17.6
山　西	329.45	146.2	18.45	10.2	83.83	15.4
内蒙古	243.11	100.9	36.76	0.3	82.94	33.9
辽　宁	273.35	58.2	103.49	9.1	123.41	34.5
大　连	116.58	67.6	44.53	−6.0	63.21	32.4
吉　林	159.18	31.5	68.59	−4.2	105.22	29.7
黑龙江	175.85	76.2	70.06	9.6	71.14	−4.3
上　海	1664.07	64.6	170.32	−45.9	937.60	3.0
江　苏	1431.06	55.0	209.93	4.3	681.45	21.0
浙　江	904.38	70.6	52.00	−33.9	407.85	28.2
宁　波	293.27	47.3	107.69	32.0	114.85	21.9
安　徽	424.46	100.5	101.71	16.2	140.70	5.4
福　建	291.68	73.0	50.87	−14.2	178.31	26.5
厦　门	97.02	56.6	14.36	−6.0	75.65	19.4
江　西	323.36	112.5	71.60	21.0	102.96	8.7
山　东	643.02	59.8	124.61	0.1	264.74	26.5
青　岛	151.40	78.5	41.33	11.3	99.24	38.3
河　南	409.95	98.1	116.21	38.3	180.92	17.7
湖　北	455.97	81.5	233.74	25.4	196.66	12.2
湖　南	335.31	98.0	200.38	5.6	100.05	9.4
广　东	1294.35	74.2	205.01	8.4	625.65	19.1
深　圳	529.70	80.5	15.18	−5.6	384.34	14.9
广　西	199.41	81.0	86.71	−4.0	66.86	15.9
海　南	110.24	184.9	24.53	−25.1	37.84	2.7
重　庆	267.69	90.5	41.75	−2.7	121.45	0.9
四　川	511.02	96.5	112.39	15.0	206.69	15.5
贵　州	213.05	105.1	98.14	37.9	92.82	4.8
云　南	236.84	81.2	200.20	28.0	78.76	24.8
西　藏	35.79	146.8	0.90	0.7	30.53	52.5
陕　西	344.97	128.6	116.00	37.6	100.26	26.4
甘　肃	123.59	79.7	96.98	9.6	36.05	21.1
青　海	49.33	191.7	9.29	19.5	12.80	76.6
宁　夏	59.40	99.9	23.75	20.8	17.84	3.9
新　疆	177.05	69.9	72.94	7.3	71.28	28.2

收入情况（2017年第1季度）

of Taxes by Region (1st Quarter of 2017)

内资企业 （亿元）	增长(%)	外资企业 （亿元）	增长(%)	个人所得税 （亿元）	增长(%)	财产行为税 （亿元）	增长(%)
5675.02	17.9	2046.88	18.4	3796.86	20.9	6554.16	14.6
1093.26	24.5	257.86	19.6	531.89	19.5	282.23	23.3
161.26	26.2	94.10	37.2	96.09	16.7	166.95	21.2
191.45	16.1	30.04	28.4	79.62	37.4	235.32	18.0
75.31	16.3	8.52	7.9	37.65	31.1	139.08	59.8
78.90	34.7	4.04	19.3	43.03	22.6	210.39	18.9
92.86	32.7	30.56	40.6	43.71	11.5	127.96	6.6
42.63	58.9	20.58	−1.6	28.80	15.2	44.43	−12.9
54.62	17.3	50.60	46.4	40.34	−1.1	76.64	4.4
64.80	−5.9	6.34	15.5	34.74	17.6	98.56	4.8
515.94	6.4	421.66	−0.9	555.05	19.5	602.19	9.4
426.66	18.1	254.80	26.2	313.38	5.3	528.41	7.2
303.99	17.2	103.86	76.8	281.17	27.6	360.05	18.1
83.85	14.3	31.00	48.8	82.39	60.7	91.46	−2.1
124.87	8.4	15.83	−13.6	68.35	41.7	229.15	16.1
143.82	27.2	34.49	23.5	77.75	53.1	140.47	20.4
44.73	6.8	30.92	44.0	29.78	13.9	57.34	14.6
83.35	−1.4	19.61	93.0	50.39	30.3	180.88	15.4
212.04	24.2	52.70	36.4	114.84	43.0	414.72	15.1
78.87	51.6	20.37	3.2	32.46	18.7	78.44	19.5
155.58	17.8	25.35	16.9	65.13	9.9	225.49	12.6
156.98	11.1	39.67	16.9	96.30	27.3	264.36	41.2
87.31	7.5	12.74	24.5	71.03	24.6	163.84	16.3
384.50	23.5	241.14	12.7	299.48	24.6	496.04	27.3
258.73	10.9	125.61	24.3	221.50	−3.2	333.30	−12.7
52.15	8.8	14.72	50.6	39.99	25.7	105.35	3.3
32.21	9.9	5.63	−25.5	19.03	29.7	59.30	12.9
87.57	11.4	33.89	−18.8	57.77	13.8	132.93	8.4
174.56	11.1	32.13	47.5	125.44	23.2	222.12	12.7
87.49	1.5	5.33	122.7	39.02	28.1	148.46	23.6
73.87	27.4	4.90	−4.4	52.21	34.9	84.03	26.0
29.58	52.9	0.95	41.3	19.55	115.4	4.46	47.0
88.07	29.2	12.19	9.4	61.19	31.3	112.63	39.6
34.48	21.3	1.56	16.4	20.91	31.8	37.80	5.8
12.66	82.4	0.14	−53.9	6.68	37.4	15.18	44.4
16.35	−2.0	1.49	210.6	15.65	111.6	25.51	37.2
69.71	28.0	1.57	38.1	44.55	15.3	58.70	16.7

今年各月份税务部门组织税收收入（不含海关）

Monthly Tax Revenue in Recent Years (Customs Duties Excluded)

单位：亿元

月份 \ 年度	2014	2015	2016	2017
1	13155.18	13757.56	15077.09	17417.43
2	7956.90	8269.67	8783.88	9436.69
3	7899.53	8423.80	9092.30	9884.99
4	10607.32	11536.05	13498.71	
5	11380.89	11777.85	12305.69	
6	10716.75	12173.55	12376.15	
7	10404.69	11903.47	12335.92	
8	6712.84	7479.18	7186.35	
9	7690.40	8120.44	7951.08	
10	11383.13	11809.47	12586.87	
11	7476.79	8037.15	7969.72	
12	9712.58	10117.40	8455.32	

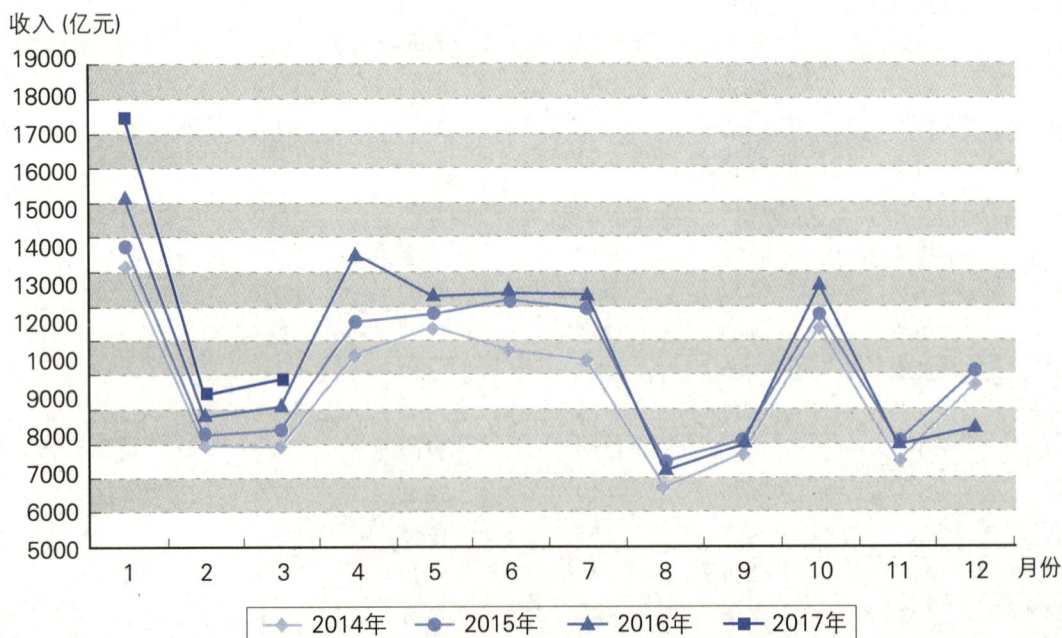

近年各月份税务部门组织税收收入图示（不含海关）

今年各月份税务部门组织税收收入增幅
Monthly Growth Rate of Tax Revenue in Recent Years

单位：%

月份 \ 年度	2014	2015	2016	2017
1	13.50	4.58	9.59	15.52
2	9.05	3.93	6.22	7.43
3	4.28	6.64	7.94	8.72
4	8.79	8.76	17.01	
5	6.04	3.49	4.48	
6	5.85	13.59	1.66	
7	9.83	14.40	3.63	
8	4.78	11.42	−3.92	
9	4.82	5.59	−2.09	
10	11.80	3.75	6.58	
11	6.00	7.49	−0.84	
12	15.92	4.17	−16.43	

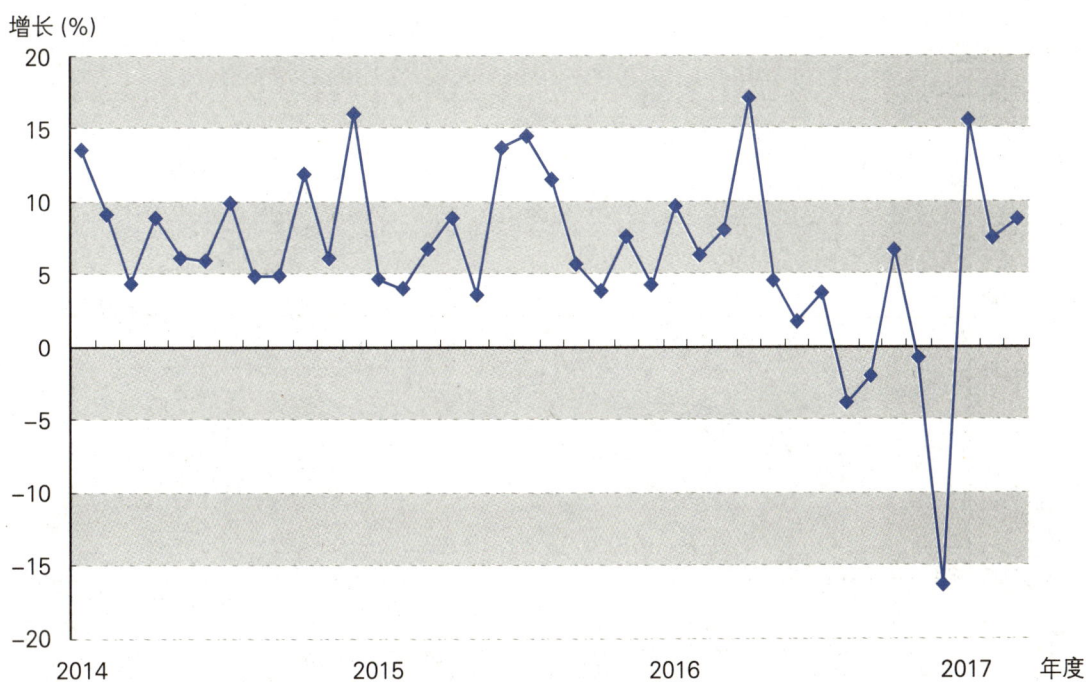

近年各月份税务部门组织税收收入增幅图示

今年各月份国内增值税收入

Monthly Domestic Value-Added Tax Revenue in Recent Years

单位：亿元

月份 \ 年度	2014	2015	2016	2017
1	2712.27	2786.18	3096.13	6391.22
2	2533.52	2563.55	2809.80	4085.57
3	2365.32	2402.87	2348.70	4142.82
4	2318.76	2383.49	2527.50	
5	2378.35	2474.52	2557.83	
6	2935.77	2988.75	3623.05	
7	2275.10	2340.80	4187.58	
8	2255.75	2173.35	3228.05	
9	2689.28	2606.76	3670.02	
10	2745.36	2794.06	4886.72	
11	2601.14	2574.63	3817.05	
12	3172.51	3136.83	4077.57	

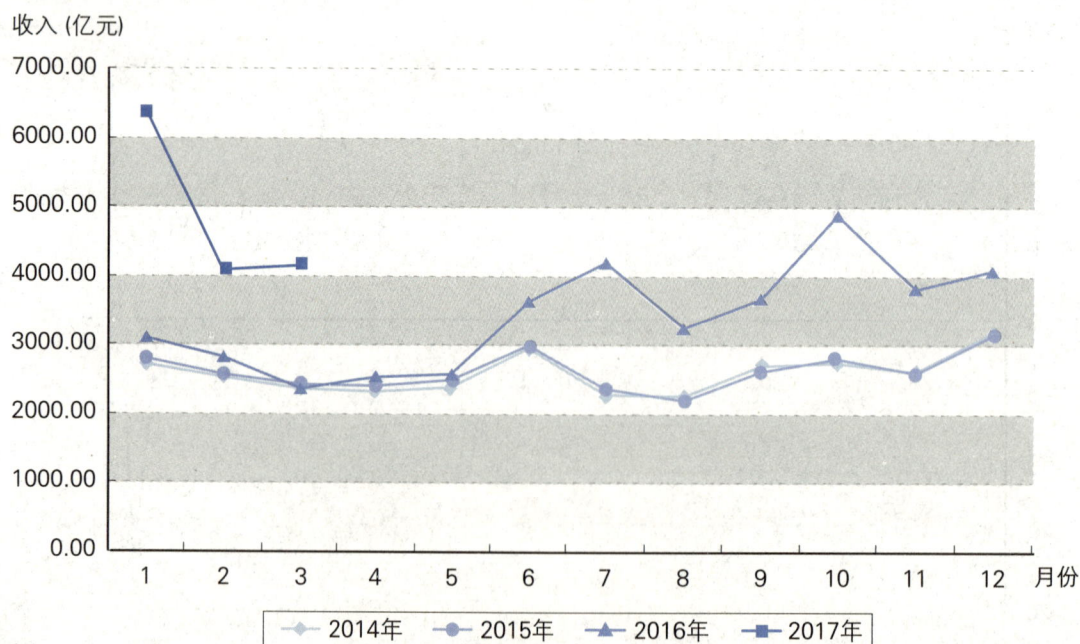

近年各月份国内增值税收入图示

今年各月份国内增值税收入增幅

Monthly Growth Rate of Domestic Value-Added Tax Revenue in Recent Years

单位：%

月份 年度	2014	2015	2016	2017
1	11.95	2.73	11.12	106.43
2	5.08	1.19	9.61	45.40
3	8.83	1.59	−2.25	76.39
4	7.54	2.79	6.04	
5	5.34	4.04	3.37	
6	−0.82	1.80	21.22	
7	15.92	2.89	78.89	
8	10.10	−3.65	48.53	
9	6.54	−3.07	40.79	
10	12.45	1.77	74.90	
11	3.56	−1.02	48.26	
12	3.55	−1.12	29.99	

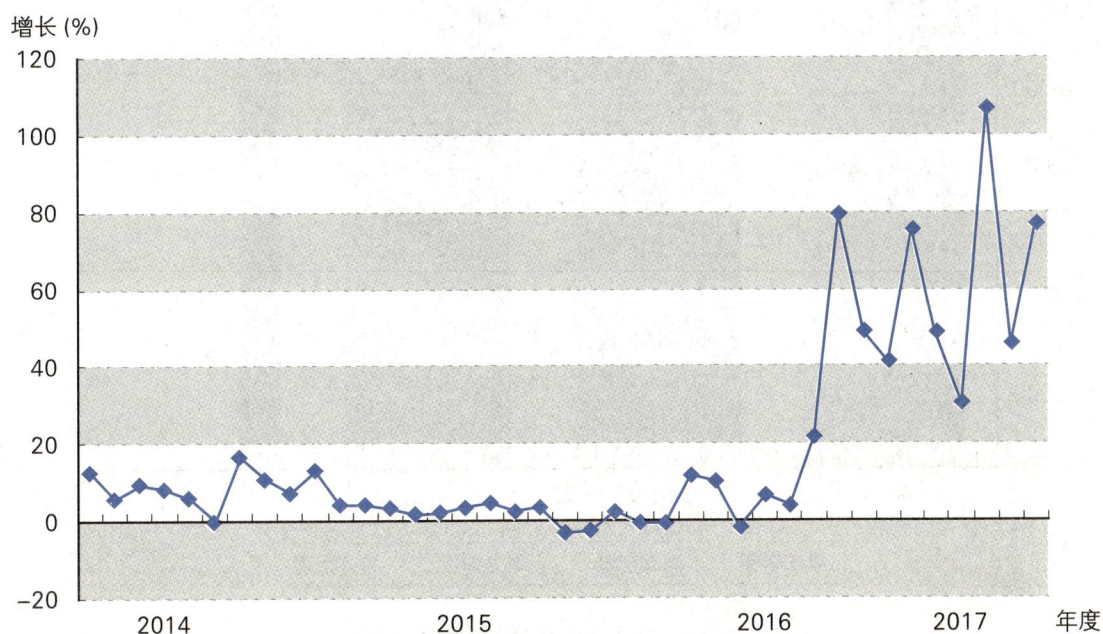

近年各月份国内增值税收入增幅图示

今年各季度税务部门组织税收收入

Quarterly Tax Revenue in Recent Years

单位：亿元

季度＼年度	2014	2015	2016	2017
1	29011.61	30451.03	32953.27	36739.10
2	32704.96	35487.45	38180.55	
3	24807.93	27503.08	27473.34	
4	28572.50	29964.03	29011.91	

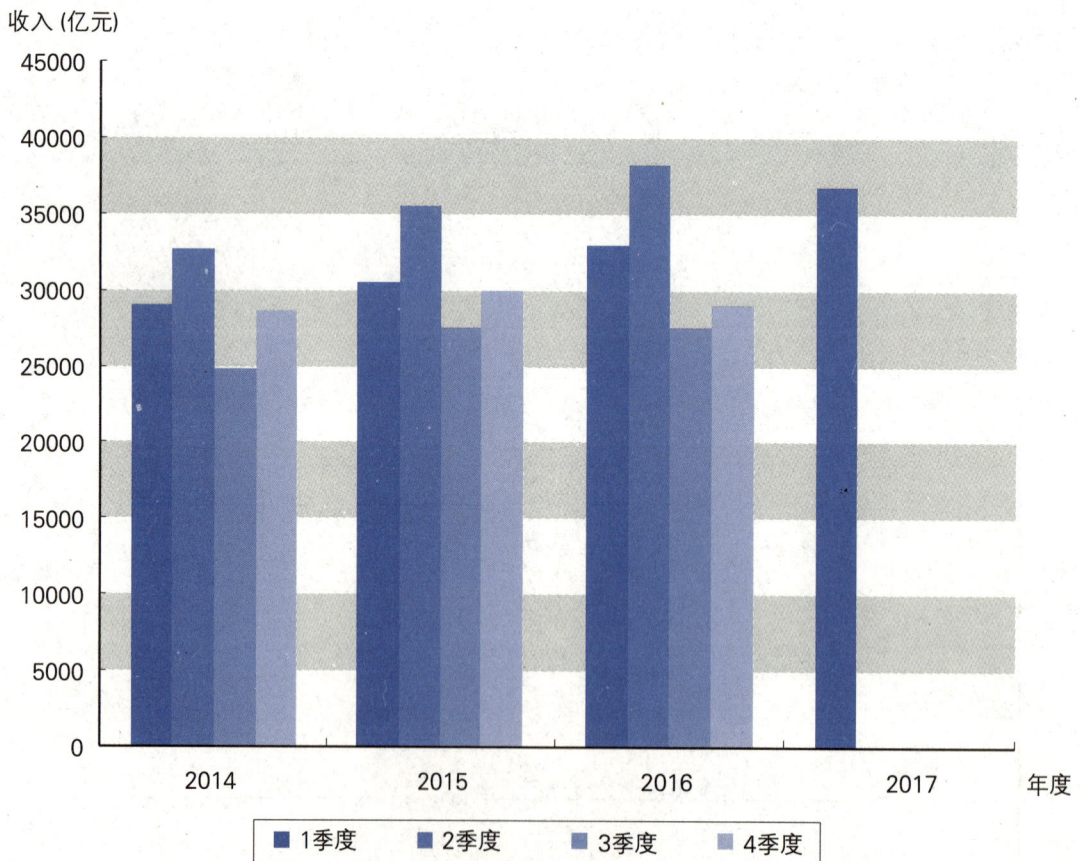

近年各季度税务部门组织税收收入图示

税收收入
Tax Revenue

今年各季度国内增值税收入

Quarterly Domestic Value-Added Tax Revenue in Recent Years

单位：亿元

季度 \ 年度	2014	2015	2016	2017
1	7611.10	7752.61	8254.63	14619.61
2	7632.88	7846.76	8708.38	
3	7220.13	7120.92	11085.65	
4	8519.01	8505.52	12781.34	

收入（亿元）

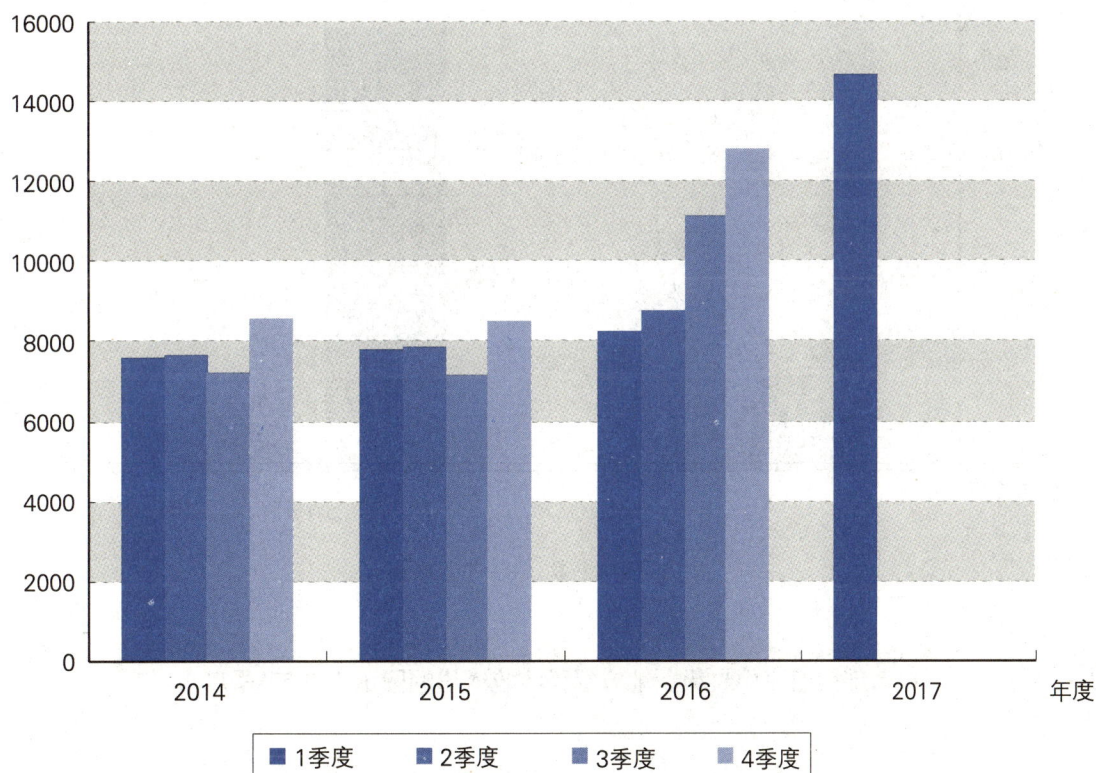

近年各季度国内增值税收入图示

China Taxation Quarterly Report 2017·1 | 41

税务部门组织中央级、地方级税收收入增幅（近年1季度）

Growth Rate of Tax Revenue Collected by Taxation Departments of the Central and Local Levels in Recent Years (1st Quarter of 2017)

单位：%

中央/地方　　年度	2016	2017
中央级	4.6	21.7
地方级	11.6	2.4

增长（%）

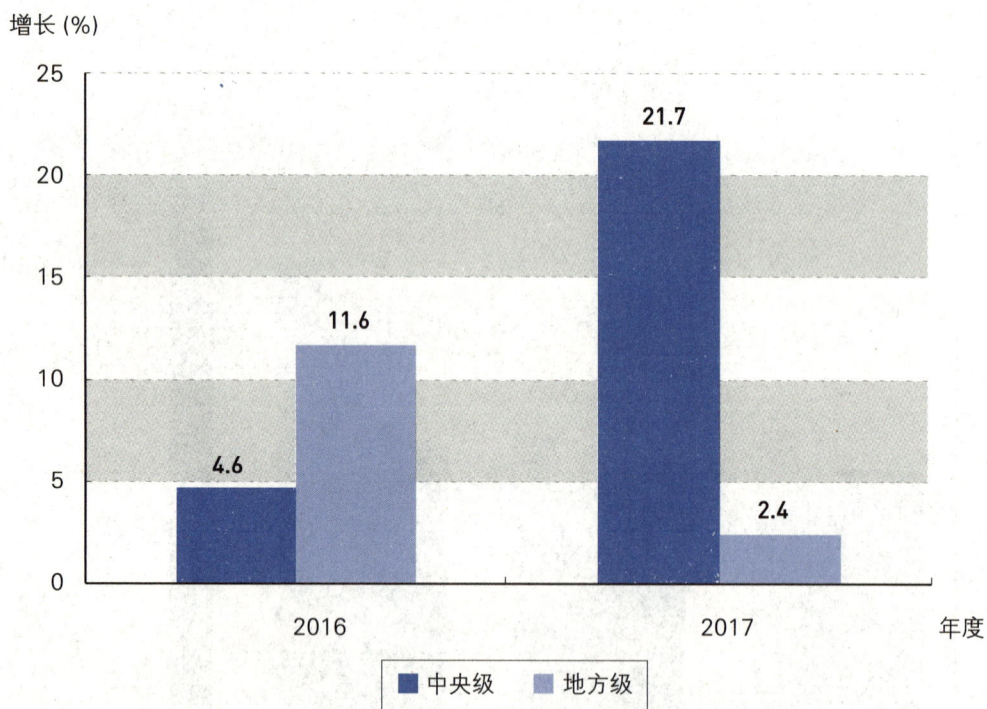

税务部门组织中央级、地方级税收收入增幅图示（近年1季度）

东、中、西部税务部门组织税收收入增幅（近年1季度）

Growth Rate of Tax Revenue Collected by Taxation Departments of Eastern, Central and Western Regions in Recent Years (1st Quarter of 2017)

单位：%

地区＼年度	2016	2017
东　部	10.7	9.4
中　部	4.3	14.7
西　部	2.8	16.6

增长（%）

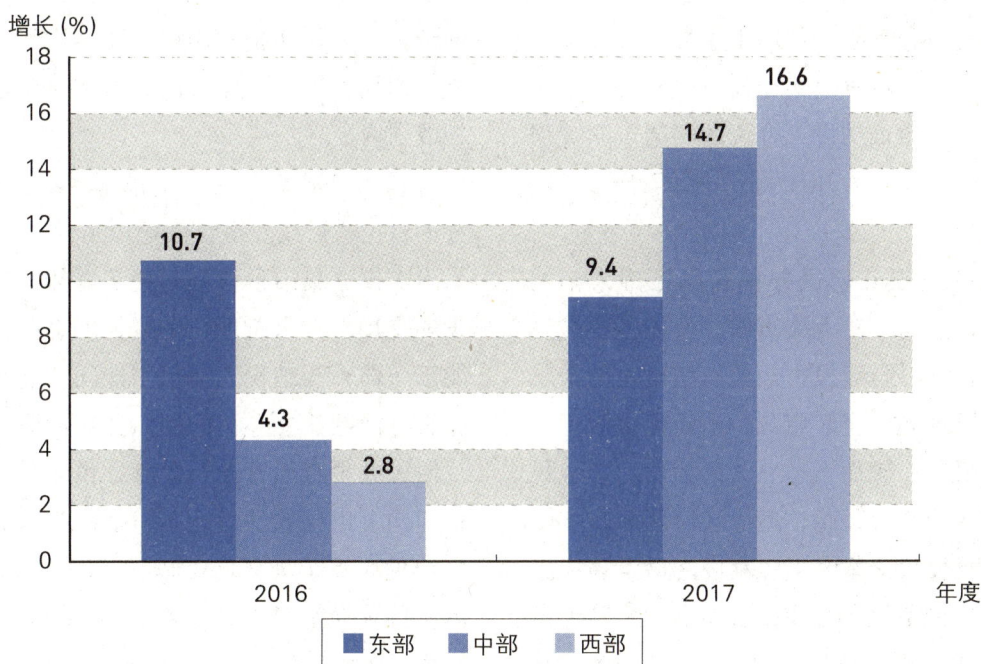

东、中、西部税务部门组织税收收入增幅图示（近年1季度）

让便民办税春风更持久　让税务服务品牌更亮丽
—— 2017年"便民办税春风行动"拉开序幕

Maintaining the Momentum of the Spring Breeze Project and Shining the Brand of Quality Taxpayer Service
—— Spring Breeze Project in 2017 Lifted Curtains

2017年1月20日，国家税务总局正式启动2017年"便民办税春风行动"，推出提速降负、创新服务等5大类20项46条便民办税措施，进一步减少办税时间，优化办税流程，简并申报资料，不断提高纳税人满意度、获得感。

2017年1月20日，国家税务总局党组书记、局长王军主持召开专题会议，研究部署2017年"便民办税春风行动"工作。王军强调，要深入贯彻落实党中央、国务院关于简政放权、优化服务的部署要求，直面纳税人办税的"堵点""痛点""难点"，持续开展好"便民办税春风行动"。

王军要求，要让便民办税春风更持久。纳税服务没有休止符，更无终点站，便民办税"春风"要四季常新、持续发力。要以纳税人的需求为导向，紧盯问题，突破瓶颈，不断优化服务，形成常态化机制，驰而不息、久久为功。各级税务机关要切实增强责任感，适应政府职能转变的新要求，多推便民之举，多谋利民之措，多施惠民之策。各项纳税服务工作，既要在"质"上做文章，又要在"效"上下功夫，让窗口服务更高效，让热线咨询更专业，让网络办税更便捷，努力打造税务服务的亮丽品牌。

在启动仪式上，国家税务总局党组成员、总经济师任荣发表示，税务部门要主动回应纳税人关切，持续改进纳税人最不满意的问题，直面瓶颈问题，逐级明确责任、逐类完善制度、逐项解决问题。一要狠抓落实，务求实效；二要响应需求，解决问题；三要构建机制，长效运转。确保各项具体措施执行到位，落地生效。最大限度便利纳税人，切实把"便民办税春风行动"作为具有鲜明税务特色的服务品牌，在更深层次、更广领域创响。

当天，升级后的全国税务系统12366纳税服务平台正式上线。平台依托12366热线，以信息技术为支撑，集纳税咨询、税法宣传、办税服务、投诉受理、需求管理、纳税人满意度调查六项功能于一体，为纳税人提供"能问、能查、能看、能听、能约、能办"的"六能"型服务。今年的"便民办税春风行动"紧盯办税服务厅等候时间长和网上申报软件运行不够稳定"两类问题"，以纳税人需求为导向，以"互联网+税务"为载体，持续提速减负、创新服务、精准发力、公正执法、合力共赢。

提速减负　减少纳税人等待时间

自2014年全国税务系统开展"便民办税春风行动"以来，提速减负一直是主旋律。税务机关通过持续提高服务效率和提供多元化办税渠道等方式，大大减轻了纳税人办税负担。随着经济社会的发展，纳税人对税务机关提高服务效率的要求也越来越高。

2017年，税务部门将坚持问题导向，针对办税等候时间长、资料报送要求复杂、申报质量不高等问题，推出减少办税等候时间、简并涉税资料报送、提速出口退（免）税办理、提高纳税申报质量等4项15条具体服务措施，化解"堵点"，提高效率。

在减少办税等候时间方面，打出系列"组合拳"，大力推行网上办税为主，自助办税和其他社会办税为辅、实体办税服务厅兜底的办税模式，让纳税人多走"网路"、少走"马路"。在提高申报质量方面，推进部门信息共享，减少信息录入及复核时间，由纳税人通过互联网、手机客户端或自助办税终端提前录入申报所需税源信息，为纳税人提供更加优质高效的服务。

创新服务　优化办税流程

中央财经大学教授樊勇说，随着营改增的推行和增值税抵扣链条的不断完善，纳税人对发票领用、代开的需求持续增长，跨区域经营纳税人外出经营活动频繁，优化办税流程的需求迫切。

为进一步简化优化纳税人办税流程，2017年，税务部门将继续深化"互联网+"在税务领域的应用，与时俱进、开拓创新，针对服务平台功能需要增强、发票领用和开具不便等问题，推出升级改造服务平台、优化发票领用方式、拓展发票开具方式、推进外出经营管理电子化等4项7条具体服务措施。

在升级改造服务平台方面，以云计算、大数据、移动互联等信息技术为支撑，升级12366纳税服务平台，实现热线、网线、无线互联互通，集纳税咨询、税法宣传、办税服务、投诉受理、需求管理、纳税人满意度调查六项功能于一体，为纳税人提供"能听、能问、能看、能查、能约、能办"的"六能"型服务。在进一步优化发票领用和开具方式方面，将提供发票网上或掌上申请功能，物流配送或窗口及自助终端自取纸质发票

服务，实现发票领用"线上申领、线下配送"；提供增值税发票代开网上或掌上预申请功能，纳税人可通过网上办税平台、手机APP等渠道代开发票，税费一体化征收，选择物流配送或窗口及自助终端自取纸质发票服务，实现发票代开"线上办理、线下开具"；同时，还要扩大小规模纳税人自开专用发票试点行业范围，推进发票无纸化试点工作，推动电子发票在电子商务等领域的使用。

精准发力　提供定制化个性服务

西南财经大学教授、西财智库首席研究员汤继强说，经济发展与社会变革带来纳税人服务需求的不断变化。当前，我国纳税人除了希望服务措施"更快捷""更新颖"之外，更呼唤税务机关能够提供"更精准"的个性化服务，税务机关的服务举措如何精准发力已成为纳税人关切的"热点"。

2017年，全国税务系统将努力从纳税人视角出发进行流程优化、制度创新和管理改革，针对办税资料重复报送、业务事项有待整合、通办范围不宽等问题，推出加速实名办税进程、推进办税制度改革、扩大区域通办范围、拓展热线服务功能等4项6条具体服务措施，承精准之标，达便民之本。

在加速实名办税进程方面，通过线上线下实名注册等信息方式，加强纳税人数据收集，后台信息比对，让数据多传递，纳税人少排队；让信息多运转，纳税人少填报。通过实名认证后，后台对其信息进行筛选，服务对象的真实身份更加清晰，有利于提高前台服务质效，使纳税人办税更方便。同时，通过实名办税措施，可以为自然人提供更加开放的自助代开服务。在推进办税制度改革方面，将加大业务统筹集成力度，改变以往分税种、分业务设置服务事项的办税模式，积极从纳税人视角出发，推动关联度高的业务事项归并整合，全力提高纳税人办税便利度，将办税

便利化改革推向深入。

公正执法　让权力在阳光下运行

税务机关是国家行政执法机关，依法治税、公正执法是税务机关的法定职责，是税收公信力的具体体现。税务机关如何做到"把权力关进制度的笼子"？

2017年，税务部门将从规范执法保公正、激励守信促公平的角度出发，针对执法程序和执法方式有待完善、纳税信用管理运用有待深化等问题，推出完善税收执法程序、创新税收执法方式、巩固商事登记改革成果、强化纳税信用管理运用等4项7条具体服务措施，执公正之心，成公平之道。

在规范执法方面，持续完善税收执法程序，进一步健全税务检查、处罚告知、处罚听证、集体审议、作出决定、文书送达等制度规定；建立健全"双随机、一公开"监管机制，全面推进税务稽查随机抽查，体现执法公平，提高执法效能。在激励守信方面，加大纳税信用管理运用力度，将纳税信用评价范围由企业类纳税人拓展至个体工商户和其他类型纳税人，并将守信个体工商户和其他类型纳税人纳入"银税互动"范围，使守信激励措施惠及更多纳税人。

合力共赢　积极构建大服务格局

国家税务总局税收科学研究所所长李万甫

说，随着经济社会发展，纳税人规模不断扩大，纳税人需求也在不断升级。税务机关如何构建"大服务"理念，依托跨"界"合作推出更加便利的服务举措，已成为纳税人关注的"焦点"。

2017年，税务部门将从加强系统协作、社会协作和区域协作3个层面，针对办税效率不高、缴税方式不多、合作范围不广等问题，推出深化国地税联合办税、扩大社会合作范围、加强缴税方式技术支撑、服务国家发展战略等4项11条具体服务措施，聚众家之力，成服务之举。

在系统协作方面，继续围绕深化税收征管体制改革等重要工作，深化国地税联合办税，积极推广"一窗一人"联合办税服务模式，实现国税地税业务一窗办理。在社会协作方面，继续扩大社会合作范围，强化缴税方式技术支撑，拓展银行转账、POS机、网上银行、手机银行等多元化缴税方式，借助银行等金融机构的第三方信息实现自然人个人所得税网上申报纳税。在区域协作方面，巩固税收服务京津冀协同发展成果，深化长江经济带税收信息共享平台数据应用，结合"走出去"纳税人需求，继续落实和完善服务"一带一路"战略的各项税收举措。

国家税务总局纳税服务司司长邓勇表示，2017年全国税务系统将以纳税人需求为导向精准发力，通过优渠道、简流程、提质效，依托实物流、信息流、数据流，努力破解制约纳税人办税"瓶颈"，营造公平公正的税收法治环境，让纳税人办税更省心、顺心、舒心。

链接

国家税务总局有关负责人就进一步增强办税便利性答记者问

记者： 有的纳税人反映到税务部门办税还不够方便，请问税务总局将采取什么措施进一步方便纳税人办税？

答： 近年来，税务总局按照党中央、国务院部

署，深入推进"放管服"改革，大力清理税务行政审批事项，持续开展"便民办税春风行动"，最大限度规范税务人，最大限度便利纳税人，切实减轻纳税人办税负担。

截至目前，除保留7项税务行政许可审批事项外，80项非行政许可审批事项已全部清理完毕，并进一步简化规范税务行政审批流程，实施审批"零超时"，有效提高了行政审批效率。同时，自2014年以来，连续三年开展"便民办税春风行动"，税务总局相继推出21类70项便民办税举措，各地税务机关结合实际进一步细化落实措施，大大提高了办税便捷度，促进了纳税人满意度稳步提升，获得感持续增强。

目前来看，经过近年来的持续改进，办税服务总体上是便利的，但仍存在一些不足。2017年，税务部门将针对纳税人反映的办税"痛点""难点""堵点"，进一步精简规范税务行政许可事项，持续深化"便民办税春风行动"，重点围绕简化办税流程、减少办税时间、简并涉税资料、拓展办税渠道等方面，充分运用"互联网+"手段，不断优化办税服务、提升办税质效、减轻办税负担。

记者：有媒体报道，税务部门为完成收入目标存在向企业分解任务的问题，具体情况如何？

答：财政预算确定税收收入目标。预算一经全国人大和各级人大审议通过便具有了法律效力。依法组织税收收入，确保实现预算确定的税收收入目标，是各级税务部门的法定职责。为完成好预算确定的收入任务，根据各地经济税源情况，税务部门要在各级税务机关之间分解收入任务，而不是也不准将收入任务分解到企业。如果发现基层税务部门向企业下达收入任务，税务总局将依法依规严肃追究其责任。

近年来，税务总局始终坚持依法征税的组织收入原则，不断强化严格落实减免税、严禁征收"过头税"的要求。比如，2015年2月，下发了《关于进一步规范税收征管秩序 提高税收质量的通知》，要求各级税务机关依法依规组织税收收入，认真落实各项减免税政策，绝不能以税收收入紧张为由在落实税收优惠上打折扣。再如，2016年4月，在全面推开营改增试点前，税务总局联合财政部下发了《关于认真做好全面推开营改增试点前税收征管工作的通知》，严禁对企业该抵扣进项税额的不让抵扣，严禁该退的税款不予退税或缓退，严禁运动式清理欠税、补税。对收"过头税"行为，一经发现，一律对有关责任人和单位负责人严肃查处，绝不姑息。

媒体报道还反映，有的税务部门存在按超收数额的一定比例取得"超收返还"的问题。从近年来税务总局组织内部审计，以及执法督察，特别是审计署开展的对税务机关的审计情况看，没有发现这方面的问题。对这样的问题，一经发现，税务总局将积极主动与有关部门一起依法依规严肃处理。

税务总局2016年办理两会涉税建议提案301件
认真回应代表委员意见建议　扎实服务供给侧结构性改革

SAT Dealt with 301 Tax Related Proposals Raised by the 2016 NPC Representatives and CPPCC Members, Aiming to Facilitate the Supply Side Structural Reform

2016年，税务总局高度重视全国人大代表建议和全国政协委员提案办理工作，共办理两会建议提案301件，其中，建议177件、提案124件，涵盖全面推开营改增试点、资源税改革、税收征管改革等内容，全部做到按时高效办理，力争通过办理一件建议提案，解决一方面问题，促进一个领域工作，发挥最大效用，不辜负代表委员的期待。

健全责任机制　严督实考提升办理质效

2016年税务总局坚决贯彻落实李克强总理关于进一步做好建议提案办理工作的重要指示精神，税务总局党组书记、局长王军出席建议提案办理工作部署动员会议，要求各承办司局高度重视并全面抓好落实。

"两会建议提案集中了各界智慧，对优化税收工作具有重要的参考和推动作用。为保障建议提案办理工作的落实落地，我们制定了责任分解、督办审核、绩效管理、沟通协商四项机制。"税务总局办公厅有关负责人说。

据介绍，一件建议或提案"抵达"税务总局后，将走过这样的流程：第一时间伴随着办理单位、办理人员、完成时限一同被列入动态跟踪的办理台账，同时纳入绩效考评体系进行过程监控，并由承办司局主要领导负第一责任、分管领导亲自抓办理。在流转办理的过程中，办理人员把"人来人往"和"文来文往"相结合，与建议提案代表委员充分沟通，建立办理前询问、办理中沟通、办理后交流的全程协商机制，确保建议提案与相关代表委员信息互通、沟通顺畅。

在办理2016年两会建议提案过程中，税务总局积极吸纳代表委员的意见建议，大力推进税制改革，持续完善税收政策，积极优化纳税服务，不断提高征管质效，充分发挥税收职能，使建议提案的作用得到了有效发挥。

瞄准关键领域　税制改革助力发展加速度

"改革"是"十三五"的主旋律，是代表委员高度关注的话题，也是税务总局持续努力的方向。2016年，税务总局收到税制改革方面的建议提案共45件，涉及营改增、资源税从价计征等方面。带着代表委员的关切和建议，税务总局与相关部门倒排工期、稳扎稳打推动税制改革向纵深迈进，为供给侧结构性改革提供了重要支撑。

一组组数字映照出全面推开营改增试点进程中税务部门及税务干部的拼搏和付出：税务总局与财政部先后下发了多个政策性文件和有关征管操作公告；根据各阶段不同特点，税务总局先后四次分别出台了20条共计80项纳税服务措施；

税务总局编写近60万字的培训教材，整个税务系统采取点线面相结合的方法，加强对纳税人的培训，共培训纳税人2130余万户次，组建营改增申报辅导队6599个，发放宣传资料4000多万份；增加办税窗口17386个，增加一线办税人员2万多人，增加自助办税终端2万台；税务总局先后8次组织49个督查组，实现了对所有省区市税务部门督查工作的全覆盖。

全面推开营改增试点的每一项重要工作，都得到了很多两会代表委员的关注。随着营改增的逐步推进，"开好票、申报好、分析好、改进好"阶段工作都取得良好成效，"总结好"各项工作也在有序推进落实。营改增试点平稳运行，改革的"直接效应""外溢效应"逐步显现，"长远效应"开始显现，改革红利充分释放。

一些两会代表委员反映，2016年的税制改革，除了带来减税红利外，还从深层次上倒逼了我国企业转型升级。营改增后，建筑业积极探索装配式、工厂化模式发展，不少房地产企业将施工、园林、物业等配套服务剥离实行专业化、产业化，并进一步加快了房地产市场去库存的速度。金融行业向资产管理、金融产品等现代金融服务发展速度加快。餐饮业专业外包迅速发展，创新意愿强烈。同时，试点企业普遍优化经营模式，开展集中采购，制定各种内控制度和考核指标，积极取得进项抵扣，内部管理逐步走向规范。建筑企业普遍反映"工程款到位比过去加快了，客户都在催促施工单位抓紧结算开票"。

在资源税改革方面，税务总局认真办理关于有色金属行业矿山资源税计价方式调整的建议，迅速推进相关问题的研究，与财政部共同下发《关于全面推进资源税改革的通知》，通过改革有效降低了有色金属等行业资源税负，助力相关行业在转型升级背景下减负脱困，抑制相关经济领域可能出现的"过热"。会展业、软件和集成电路产业及扶贫捐赠等相关行业和领域税收政策也充分吸纳代表委员意见，同步优化完善，为进一步降低税负、保障民生发挥了积极作用。

聚焦难点热点　征管改革增强税户获得感

税收征管改革直接影响着税户体验，关系着税收现代化进程，受到了两会代表委员的高度关注。税务总局有力有序有效落实中办、国办印发的《深化国税、地税征管体制改革方案》（以下简称《方案》），谋篇布局、序时推进、严考实督、全面发力。

为积极回应两会代表委员的期待，更好地推进《方案》实施，税务总局加强工作统筹，2016年共召开28次党组会议、局领导专题会议和《方案》督促落实领导小组会议，将改革细化为96项具体任务并逐一推动落实落地，绘就了改革的时间表、路线图和任务书。各级税务机关迅速行动，大胆探索，精准发力，所有省份均以党委政府名义制定出台具体实施方案，凝聚起最广泛的改革推进力，创造性地推出了广东电子税务局、重庆国税纳税申报"九表合一"等一系列改革措施。

"我们把办税便利化作为落实《方案》的重要任务，不断创新纳税服务机制，持续升级国地税合作，最大限度降低纳税人的办税成本，释放改革红利，不辜负两会代表委员的期待。"据税务总局办公厅有关负责人介绍，在《方案》的96项具体改革措施中，直接涉及便民办税的措施就达30多项。

2016年各地税务机关累计推出3700多条办税便利化措施，同城通办、省内通办、无纸化办税、免填单服务等措施集中落地，简并申报缴税次数、推出二维码一次性告知等30多项成熟经验在全国推开。一些两会代表委员表示，一年来，税收改革难题逐步破解，体制机制性改革任务渐次排开，税收在国家治理中的基础性、支柱性、保障性作用较好彰显。

着眼营商大局　多措并举激发经济新活力

良好的营商环境既是提高国家经济软实力、综合竞争力的重要因素，又是企业成长壮大的必备"土壤"。两会代表委员不少建议提案聚焦营商环境，税务总局积极吸纳，一揽子"放管服"税收措施同步推进。

2016年，以"便民办税春风行动"为"当头炮"，税务总局先后推出提高办税效率、便利发票领用、创响服务品牌、服务国家战略、明晰执法责任、规范进户执法、增进纳税信用、拓宽信息查询、实现信息共享、共建电子税务局等10类31项创新服务措施。各地税务机关紧扣纳税人办税中的"痛点""堵点"和"难点"，积极回应两会代表委员关心的问题，进一步规范了基层的税收执法和服务工作。

与此同时，按照国务院决策部署和代表委员提出的针对性建议提案，税务总局积极推进"五证合一"和个体工商户"两证整合"等商事制度改革，并持续深化税务行政审批制度改革。在前期公布的87项税务行政审批事项中，除7项税务行政许可审批事项保留外，80项非行政许可审批事项全部清理完毕。简化审批流程方面，税务总局简化享受税收优惠政策的备案程序，有力支持了降低制度性交易成本，更大限度便利纳税人。

2017年税务总局将认真贯彻国务院的决策部署，继续以高度的政治责任感和使命感，把办理两会建议提案工作与推进税收改革相结合，把征求采纳代表委员的意见建议与改进工作相结合，着力完善建议提案办理工作的长效机制，推动建议提案办理工作再上新台阶。

问需问计问效　广聚税收共识
—— 税务部门走访人大代表、政协委员共话税收发展

Seeking Advice, Needs and Effects to Pool Consensus on Taxation
—— Taxation Departments Visited NPC Representatives and CPPCC Members
for Discussions on Tax and Development

> 2017年全国两会前夕，为共商经济税收发展大计，凝聚推进经济社会发展共识，有力发挥税收在国家治理中的基础性、支柱性与保障性作用，各地税务部门通过上门拜访、税企恳谈等形式，开展对全国人大代表、政协委员的集中走访活动，汇报税收工作、交流税改动态、解答政策疑惑、征求意见建议，得到了代表、委员们的理解与支持，大走访活动取得良好成效。

各界认同："税企沟通凝聚助力经济发展共识！"

2017年1月，国家税务总局再推提速降负、创新服务等5大类20项46条便民办税举措，拉开了2017年度"便民办税春风行动"的序幕。在国家税务总局的统一部署下，各地国税、地税部门集中走

访当地企业界全国人大代表、政协委员，主动上门、交流沟通、虚心征求意见建议、争取理解支持，在全国两会召开前掀起了共话税收的热潮。

在东北老工业基地，黑龙江、吉林、辽宁三省税务部门由主要领导挂帅，实地走访葵花药业、一汽集团、鞍钢集团等省内知名企业，向代表、委员们问需问计，畅谈税收发展的意见建议。在长江流域，上海、江苏、安徽、江西、湖北、四川、重庆等省市税务部门主要负责人先后走访对话企业界代表、委员，汇报全面推开营改增试点、落实税收优惠政策和纳税服务等工作，聚焦企业转型升级、聚力振兴实体经济、聚拢治税兴税合力。

"税务机关在两会前开展走访，这有助于我们了解税收工作情况、澄清我们对一些税收问题的模糊认识，让我们提交的建议、提案更加符合实际，更有针对性。"合肥百大集团股份有限公司董事长郑晓燕评价。河南省康利来集团董事长薛景霞则表示："税务部门来走访，不仅有助于我们更加全面地了解税收工作情况，更体现了税务部门对民营企业的关注与支持，为企业的发展提供了有力支撑。"

在带队走访全国人大代表、政协委员过程中，吉林省国税局局长梅昌新、青岛市国税局局长冯光泽等当场表态，自觉把国税工作置于人大、政协的监督之下，及时得到人大代表、政协委员的关心、支持和帮助，是做好国税工作的重要保障。诚恳期待提出宝贵意见，继续监督支持国税工作。

经过各地税务部门的精心组织、诚心沟通，旨在接受监督、排忧解难、倾听呼声的大走访活动在税企间架起了长效沟通的桥梁，为进一步改进税收工作、深化税收改革凝聚了共识、收集了良策、明确了方向。

现身说税："减税降负，我们强烈感受到了！"

营改增是财税体制改革的重头戏，广受两会代表委员关注。5000亿元的减税红包是否发放到位，其效应如何？唯有企业自身体会最深。

"营改增给格力电器带来了10多亿元的减税大礼包。"全国人大代表、格力电器董事长董明珠表示，国家推行一系列改革，采取了一揽子措施全面推行减税降费，确实力度很大，"我们都强烈感受到了"。

全国人大代表、哈尔滨红博商业总经理王丽梅对来访的黑龙江省国税局局长张有乾说："商业要转型需要联营、租赁等各种经营模式的创新，原来的道道征税，限制了商业模式的创新，营改增真正给企业松了绑，企业在模式创新上更有底气。"

实体经济是国民经济的脊梁，面对经济下行压力，对税负尤为敏感。近年来，国家对促进实体企业发展出台了很多减税降费的措施，取得明显成效。江苏省国税局局长胡道新对走访的两会代表委员算了笔惠民账，从宏观税负上看，在江苏，原来每100元GDP，缴纳的税收是16元多，而现在每100元少缴了0.63元。

"江苏近几年的宏观税负一直在下降，但每个企业的感受可能并不相同。"全国政协委员、苏宁控股集团董事长张近东提出要客观看待税负问题，"企业的成本负担包括很多方面，比如物价、人工、融资等，企业如果用好税收优惠政策，持续改进内部管理体系，它的税负会在合理区间，甚至下降。"

数据统计，此次营改增四大行业税负增加户数占比，从2016年5月份3.9%左右下降到2016年12月份的1.6%左右；而且税务部门正在针对税负上升企业进行深入分析，专门辅导，帮助企业更好适应新税制。税负下降了，催生了市场的新生力量，四大行业纳税人户数在此期间增加了58万户。

减税红利增强了企业的发展底气，同时不能忽视良好营商环境的打造。"税务部门耐心细致，国地税合作效率非常高，无论线上的12366服务热线、微信公众号、QQ群，还是线下的工作人员上门服务，能够真切感受到一缕缕新风。"黑龙江葵花药业财务负责人朱同明点赞纳税服务。

"互联网+税收"是税收管理与服务的未来发展方向，张近东在走访座谈中对近年来税务部门探索网上办税等服务工作充分肯定，"今后如果全面推进信息化，开展大数据管理，税务部门管理效率更会大幅提高！"当前，掌上、网上税务局逐步成熟，"基本实现了118项国地税业务融合，340项国税业务和480项地税业务均可网上办理，每年可将纳税人上门次数减少75%，纸质资料报送减少80%。"广东省国税局局长胡金木介绍。

换位思考："依法纳税是企业的社会责任与生存价值！"

税收始终是两会代表、委员常谈的话题。"2000年以来，公司从5400万元资产规模发展到630亿元，成为世界风电行业领跑者。这一成绩的取得，与税务机关不折不扣落实税收优惠政策，竭力优化纳税服务，为企业营造良好的发展环境是分不开的。我们将把诚信纳税、守法经营始终作为我们的本分。"全国人大代表、新疆金风科技公司董事长武钢说，企业发展最终要为社会多做贡献，依法纳税是每个企业的责任和义务。

税收是从企业"口袋"掏钱，但"我们也获得很多，既有依托税收提供的公共服务，也包括金'税'招牌。"全国政协委员、美克投资集团董事长兼首席执行官冯东明在走访活动中谈到，"作为一家外向型企业，A级纳税信用企业这个金字招牌让我们在国外获得认可，把握住了更多的商业机会。今后，我们要以更多的税收回馈社会。"

"打开天窗说亮话"同样是此次走访活动的重要主题，很多企业直诉企业发展面临的困难，希望得到税务部门的更大帮助。"跨越发展要掌握核心科技，但科技研发要承担一定风险。当今技术更迭频繁，缩短研发周期非常重要，庞大的研发队伍与研发成本是一笔不小的开支。"深圳市大疆创新科技有限公司创始人汪滔指出企业发展的难处。福耀集团总裁左敏同样表示，研发投入费用给企业带来了巨大的成本压力，希望能享受更多的税收优惠助力企业自主创新。

近年来，税务部门在鼓励科技创新的税收新政上不断发力。"研发费用加计扣除范围进一步扩大，其相关费用也可以税前加计扣除。对需要重点扶持的高新技术企业，我们减按15%的税率征收企业所得税，同时对计算机制造等10个重点行业研发设备实行加速折旧政策等等，帮助企业科技创新更有活力。"山东省国税局局长薛建英在走访中介绍。税收优惠政策为企业科技创新发展带来有力支持和动力。"十二五"以来，我国科技进步对经济增长贡献率由50.9%提高到56.2%，一大批科技创新企业在税收政策的有力扶持下脱颖而出。

很多两会代表、委员更多聚焦中小企业发展。"我认为传统行业特别是中小企业，是减税降费需要重点瞄准的对象。如果广大中小企业发展不稳定，我们将来的税源也会受到很大的影响。"全国政协委员、星河湾集团董事长黄文仔提出，"希望国家能针对重点扶持行业、亟须转型升级的传统行业和中小企业，出台更多扶持政策。"传统产业升级、老工业基地转型等都是走访过程中的热门话题。全国政协委员、吉林延边州工商联主席权贞子呼吁，加快建立税企合作平台，促进税企互动，为企业发展争取更大利益。"税企一心，鱼水情深！企业家的创业精神、社会责任意识，都是政府部门应该学习的！"湖北省国税局局长张国钧感谢企业界代表、委员关心理解、建言献策。

全国人大代表、湖南省秦希燕律师事务所律师秦希燕建议税务部门进一步推广人性化的便民办税举措；全国政协委员、江西省工商联主席雷元江建议要持续加强营改增后的行业税负调研，有力规范增值税的发票管理等等，众多合理化建议对推动各项税收工作完善发展发挥了积极作用。

　　税务部门积极回应社会关切，对走访过程中收集到的进一步落实税收优惠、大企业个性化服务、税收执法等问题，现场答复、后续跟进，深入研究，加强反馈，得到走访代表、委员的点赞认同，日后将推出更多实用、贴地气的交流方式，加深合作，税企共谋经济发展新未来。

减税降负助力经济发展　优化服务共享改革红利
—— 国家税务总局相关负责人走进"央广直播间"解读营改增

Reducing Tax Burdens to Boost Economic Growth, and Improving Taxpayer Service
to Share the Benefits of the Tax Reform
—— SAT Officials Interpreted the Business Tax to VAT Reform (B2V)at the China National Radio

　　2016年5月1日，营改增试点全面推开，税制过渡平稳，减税效果明显。2017年2月24日，国家税务总局纳税服务司司长邓勇、货物和劳务税司处长吴晓强做客中央人民广播电台"中国之声"，解读2016年营改增实施情况及一系列保障措施。

预计2016年营改增减税超5000亿元

　　2016年5月1日，建筑、房地产、金融和生活服务四大行业全部纳入营改增试点。当时，李克强总理有一个承诺，让所有行业税负只减不增。那么，减税真的做到了吗？

　　对此，吴晓强的回答是肯定的。他表示，经过测算，全面推开营改增试点，2016年全年直接减税将超过5000亿元。2016年5—11月全面推开营改增试点四大行业累计实现增值税应纳税额6409亿元，与应缴纳营业税相比，减税1105亿元，税负下降14.7%。其中，建筑业减税65亿元，税负下降3.75%；房地产业减税111亿元，税负下降7.9%；金融业减税367亿元，税负下降14.72%；生活服务业减税562亿元，税负下降29.85%。不但四大新增行业税负只减不增，包括26个细分行业也都做到了税负只减不增。

　　以苏宁集团为例，2016年5月全面推开营改增后，苏宁旗下所有企业购进机器设备、购建不动产，都可以抵扣进项税，很大程度上减轻了企业负担。2016年，苏宁集团因为营改增减税2.3亿元，其中增加进项抵扣直接少缴税金1.5亿元，节约超过10%的投资成本。

　　生活服务企业方面，麦当劳在全面推开营改增试点后，中国的自营门店增值税税负明显降低，不到一年，税负由全面推开营改增试点前的4.9%降至2016年底的0.6%，减税金额达4.5亿元。麦当劳之所以能够大幅降低税负，关键在于抵扣很充分，他们通过采购体系、原材料加工、物流配送等方面的专业化分工，优化产品链条，迅速实现了原材料进项税额100%抵扣。所以营改增的意义不只是减税，更鼓励企业投资发展，有助于企业做大做强。

为什么这四个行业新纳入改革，其他已经改革过了的行业也会连锁减税呢？对此，吴晓强指出，增值税是流转税，是对收入减去成本之后的增值部分征税。一张发票，可能对个人来说就是个消费凭证。但对于企业，增值税专用发票是可以抵扣税款的。比如一个工业企业很早之前交的就是增值税，但它的厂房租金在房地产行业未纳入营改增试点以前，开不出增值税发票，这部分成本没法抵扣。但2016年5月1日之后，房地产纳入其中，增值税票开出来了，可以抵扣了，自然而然就减税了。

事实上，预计2016年全年减税超5000亿元中，由于可抵扣进项税增加，原增值税行业和已试点行业减税规模，超过了新增试点四大行业减税规模。

吴晓强认为，这就是增值税的好处。首先，它是环环抵扣的，避免了重复征税；其次，促进企业的专业化。营改增试点行业里，服务业是很重要的一块，不但包括老百姓生活里经常接触到的餐饮、住宿等生活类服务业，还包括企业生产中会打交道的信息技术服务等生产性服务业。比如所有企业几乎都有IT部门，现在营改增了，企业从外面购买IT服务，不但可以享受更专业的服务，还可以拿到增值税发票，直接进行抵扣。无论是专业性还是性价比，都比自己养一个团队要好。这就促进了企业专注于自己的核心竞争力，促进整个社会产业链的拉长、分工协作的加强。

发扬"工匠精神"使更多企业享受营改增红利

营改增减税效果显著，但还是有少部分企业反映说，他们的税负上升了。对此，吴晓强说，四大行业26个细分行业中，绝大多数企业的税负都是下降的。截至2016年底，四大行业1000多万户试点纳税人中，仅有1.6%的纳税人存在不同程度的税负上升。比如一个企业，你单单截取一

个时间段，它本身的财务制度还没有跟上改革进度，抵扣单据还没有到位，该抵扣的东西还没抵扣进去，税负算起来好像是增加了。但只要接着往后看，将来抵扣充分了，税负就会有变化。

营改增试点扩围行业包括建筑业、房地产业、金融业和生活服务业，收入数量大、情况复杂，尤其是金融和房地产行业的增值税制度设计，是国际公认的较为复杂和难以处理的领域，中国在这些行业探索实施营改增，基本没有国际经验可以借鉴，所以刚开始时，一些行业对政策是非常不熟悉的。2016年5月开始，财政部和税务总局先后联合下发了10个政策性文件，税务总局先后下发了27个有关征管操作的公告，就是为了帮助行业减轻税负。

比如教育培训类机构，由于全年收入分配具有明显的季节性，但经营性支出大多为职工薪酬，无法取得相应的增值税专用发票进行抵扣。当时长江商学院的财务主管在营改增后的第一个申报期，按照6%的税率计算，税负增加了将近120万元。这并不是个例，全北京地区就有2000余户教育培训类纳税人遇到了类似问题。税务总局了解情况后马上进行研究，6月18日，财政部、国家税务总局就出台了《关于进一步明确全面推开营改增试点有关再保险、不动产租赁和非学历教育等政策的通知》，明确一般纳税人提供非学历教育服务，可以选择适用简易计税方法按照3%征收率计算应纳税额。按照最新政策，长江商学院对5月增值税申报表进行了修改，比营改增前少交了17万元税。

企业的适应程度对于营改增能否充分发挥它的优势，有很重要的影响。就现在全面推开营改增的情况看，企业方面还有哪些突出问题？下一步，税务部门应该如何采取有效措施深入推进这项重大改革？

吴晓强表示，营改增作为一项重要的税制改革措施，与直接减免税不完全一样，企业需要

根据制度要求的变化相应改进和加强内部管理，才能尽量多地享受政策红利。一家动漫企业曾反映，营改增后，生产销售动漫衍生品需按17%的税率缴纳增值税，由于动漫企业人力成本高，可抵扣项目少，税负不减反增。税务总局立即对这家动漫企业纳税情况作了深入了解，发现其税负上升的主要原因是这家企业规模扩大，从小规模纳税人转为一般纳税人，由3%的征收率变为17%的税率，并且进项抵扣不足，增值税税负的确有所上升。但后期由于购进了一些服务器等设备，以及房屋租金可抵扣进项税额，目前已经处于进项税额不完抵状态，增值税税负下降至零，不仅不用缴税，而且还有留待以后可抵扣的税金。所以，只要企业更好地适应新税制，随着企业内部管理的加强和改进，进项抵扣的增加，更多规范核算的企业就会享受到营改增的改革红利。

下一步，税务总局将会同有关部门，继续发扬精益求精的"工匠精神"，从以下两方面开展工作，进一步把试点各项工作做实做细。一是继续密切跟踪试点情况，确保所有行业税负只减不增；二是全面系统评估试点情况，进一步完善试点政策。与相关行业主管部门建立信息共享平台，广泛搜集各方面对营改增试点的意见和建议，全面梳理和评估营改增试点运行效果，不断完善试点制度安排。

优化纳税服务确保营改增如期转换平稳运行

营改增是党中央、国务院根据社会经济发展新形势，从深化改革的总体部署出发作出的一项重要决策。2016年5月1日全面推开，看起来就是一个时间点，但是这"推开"背后，涉及税户是数以千万的。国家税务总局纳税服务司司长邓勇表示，营改增的四大行业社会关注度高，户数众多，形态各异，涉及1100多万户纳税人，涵盖到市场最小的经济单位，关系到民生最基本的衣食住行。

邓勇介绍，税务部门从一开始就加大优化服务的力度，确保营改增如期转换、平稳运行。为此，从三个方面着力搞好营改增服务工作。

一是及时出台80条服务和管理措施，覆盖营改增各个阶段。税务总局将这次营改增划分为开好票、报好税、分析好、改进好以及总结好五个阶段，在前四个阶段针对每一阶段的不同重点已共计出台了80条管理和服务举措，兼顾到所有业务细节、不同行业纳税人特点和不同需求，落实好兜底的服务责任。如针对营改增初期发票申领和代开业务量剧增的实际情况，努力在会开票、保顺畅上下功夫，共增设办税服务窗口17386个，增配自助办税机3936台，科学分流开票工作量。开设网上开票通道等措施，科学分流，确保纳税人顺畅开票、顺畅申报。

二是建立实时定点视频连线、全国12366热线问题集中反馈、百个一线办税服务厅直报制度。通过这些制度打通了总局、省、市、县、所五级沟通渠道，建立了快速响应处理机制，基层当天反映到税务总局的问题，税务总局当天就能回复解决。税务总局分成政策组、技术组、宣传组、纳服组等10个应急小组，24小时不间断收集问题、答复问题，最快时间解决纳税人问题。

三是形成宝贵的营改增精神，支撑克难攻坚推进改革。营改增期间，全国1万多个办税服务厅、13万办税服务一线窗口人员日夜坚守、不辞辛苦为纳税人服务，他们中有哺乳期的女税务干部，也有因营改增而一再推迟婚期的准新郎、准新娘，更有殚精竭虑、日夜辛劳，为营改增工作献出生命的优秀税务干部。他们在平凡的岗位上，用敬业和奉献打造形成了"知难而进、坚守使命、追求卓越"的宝贵的营改增精神。正是这种精神支撑我们打赢了一场又一场的改革硬仗，确保了改革平稳有序有力地向前推进。

邓勇介绍，为确保纳税人能够快速掌握营改增的知识，除了传统地加强对纳税人的培训，针对如何开票和报税等纳税人关心的热点问题，分行业开展了专门培训。一是有12366纳税服务热线的支撑，用声音及时提供最权威的政策解答，用声音打造听得见的纳税人身边的纳税服务。在2015年"立足北京、服务全国"的12366北京纳税服务中心成立之后，2016年又在上海成立了12366上海（国际）税收服务中心，提供中英文双语税收咨询、办税指引等纳税服务，这在全国政务服务单位中位居前列。营改增试点推开后，纳税人咨询量激增，2016年全国12366共受理人工咨询3800余万次，同比增长41%。

第二大法宝是大力推进报税方式的革新。税制变了，但是为纳税人服务的理念没有变。税制在推进，纳服在提速。目前纳税人网上申报已经达到90%，所有涉税事项的65%由网上办结，90%纳税人发票的认证可以通过网上勾选实现，真正实现让纳税人办税"多走网路，少走马路"的便利目的。一些地方已成功实现支付宝缴税，使办税不仅"足不出户"，还能"如影随形、一触即发"。

邓勇表示，纳税服务没有休止符，便利化的服务改革将进行到底。下一步，将以纳税人需求为导向，对外通过开展需求大调查、大走访，精准发现问题，着力在精简资料、优化流程等方面出台针对性强的服务措施，切实解决纳税人的实际问题。

多措并举使纳税人办税满意度更高

近年来，税务部门坚决落实国务院"放管服"的要求，积极优化纳税服务，树立了良好的税务形象，纳税人满意度总体提升。但是仍然有部分纳税人反映在个别办税服务厅存在排队等候时间比较长的现象。邓勇对此回应，在某些特定的时段，比如征期的后半段、新政策出台、管理系统升级的时候，纳税人在办理相对复杂、特殊的业务时，人流量较大，确实存在排队等候时间比较长的现象。对此，税务总局高度重视，出台了一系列有效措施，缩短纳税人排队等候时间。

一是拓宽服务渠道疏通办税"堵点"。例如设立自助办税区，让纳税人不去前台窗口就能办理涉税业务；增设办税延伸点，让纳税人不去大厅而在附近的社区延伸点上也能办理涉税业务；开发网上办税平台，让纳税人足不出户就可以办理涉税业务；开发移动办税平台，让纳税人随时随地地通过手机很轻松地办理涉税业务。

二是建立应急处置机制实时响应办税"痛点"。很多省税务机关建立了办税服务厅指挥中心或征期会商机制，对全省所有办税服务厅的工作状态都进行实时监控或直接干预，发现哪个办税服务厅出现拥堵问题，都能在第一时点应急处理，有效调度力量及时增加办税厅的窗口数量和人员来缓堵保畅。

三是整合办税资源突破办税"难点"。比如，国税、地税联合办税大厅让纳税人"进一家门、办两家事"；推行同城通办，纳税人可以通过手机APP适时了解各大厅办税状况，根据忙闲程度自主选择办税服务厅办税，这样也能压缩业务办理时间，方便纳税人办税。

邓勇介绍，从2014年开始税务总局连续4年开展"便民办税春风行动"，相继推出了26类90项便民办税措施，持续打造优化纳税服务品牌，每年突出一个主题，每年实现一次大跨越。邓勇举例说明，小微企业过去是按月申报缴税的，现在税务部门对符合条件的改为按季申报，这样使小微企业纳税人年申报次数由原来的12次减为4次，降幅达66.7%，大大节省了纳税成本。再比如纳税人办理领用发票业务时需填写《纳税人领用发票票种核定表》，很麻烦，实行免填单后，通过数据共享实现数据信息自动带出，纳税人只需根据需要补充其他信息并确认即可，办理时长由几分钟压缩到几秒钟。又比如去年推行二维码一次性告知，"码"上知道营改增，将营改增的政策、办理指南等制作成二维码，纳税人用手机一扫就可以轻松办税。

邓勇强调，纳税服务永远在路上。新的一年

税务部门将持续提速减负、创新服务，下大力气解决好纳税人办税当中的"堵点""痛点""难点"。以"互联网+税务"为载体，从纳税人的视角出发，创新办税模式，以压缩办税时间为主要目标，精简报表资料，优化办税流程。同时，及

时总结基层创造的大量宝贵的先进经验，丰富办税手段。总之，用税务部门纳税服务的"加"，换来纳税人办税负担的"减"；用税务干部的辛苦，换来纳税人办税的便利和满意。

税务总局部署开展营改增政策大辅导
让纳税人掌握政策更精准　享受优惠更彻底

SAT Launched the B2V Publicity and Consultation Initiative
to Facilitate Taxpayers' Understanding and Application of the New Policies

近日，国家税务总局部署开展新一轮营改增政策大辅导，进一步帮助纳税人了解政策、用好政策，让纳税人掌握政策规定更精准、享受税收优惠更彻底、抵扣进项税额更充分、办理涉税事项更清楚，引导纳税人更好地适应新税制，充分享受改革带来的减税红利。

2016年5月1日起全面推开的营改增试点涉及1000多万户企业纳税人，其中很多纳税人都是首次接触增值税，存在业务、流程不熟悉等情况。为了让纳税人尽快适应新税制，"能开票、会申报"，2016年，税务部门持续深入开展分层级、分行业、分类别的针对性培训，共组建营改增申报辅导队6000多个，发放各方面宣传资料4000多万份，累计培训纳税人2130万户次，实现了纳税人培训全覆盖。同时，增设12366纳税服务热线372条，营改增期间12366热线接听量平均每天12.9万通，同比增长40%。

从2017年3月起，税务部门将对所有增值税纳税人，特别是建筑、房地产、金融和生活服务业中的一般纳税人，营改增后出现税负上升的试点一般纳税人以及原增值税行业中的制造业一般纳

税人开展有针对性的政策辅导。

税务部门要坚持问题导向，重点对营改增一般性政策、优惠政策、增值税进项抵扣政策和增值税办税流程等进行辅导。

——*在营改增一般性政策方面*，注重帮助纳税人熟练掌握增值税应税行为界定、计税方法适用、销售额确认等各方面政策规定，帮助纳税人不断提升适用政策的准确性，主动避免因政策不熟悉产生的涉税风险，主动防范增值税专用发票虚开虚抵风险。

——*在营改增优惠政策方面*，重点辅导纳税人按规定正确适用和充分享受营改增减免税优惠、超税负即征即退、差额计税、简易方法计税、出口服务零税率（免税）等优惠政策和过渡安排，确保应知尽知、应享尽享。

——在增值税进项抵扣政策方面，帮助纳税人梳理可抵扣进项税额的成本费用项目，对纳税人改善内部管理流程、提高增值税管理水平提出有针对性的意见和建议，引导纳税人加强进项税额管理，不断提高抵扣比例，力争实现应抵尽抵。

——在办税流程方面，重点辅导发票领用、发票代开、纳税申报、税款缴纳、减免税备案、退税申请等各项增值税涉税业务的办理流程，让纳税人会办税、办好税，有效降低办税时间、节约办税成本。

此次大辅导将广泛听取各方意见建议，充分开展调查研究，分类实施纳税人宣传培训，对一般纳税人，帮助其深入理解增值税原理和运行机制，熟悉掌握政策规定和管理要求。对小规模纳税人，采取发放宣传材料等灵活方式开展辅导。对营改增后税负上升的企业，重点从优惠政策适用和进项税额抵扣两个方面开展辅导。对原增值税行业中的一般纳税人，特别是制造业一般纳税人，开展专题培训，帮助纳税人充分享受营改增后进项税额抵扣范围扩大带来的减税红利。

税务总局部署开展全面推开营改增试点督查

SAT Started Supervision on the Overall Implementation of the B2V Pilot Program

> 2017年2月20日，国家税务总局正式启动全面推开营改增试点督查，对山西等10个省（区、市）国税局、地税局全面推开营改增试点、开展"便民办税春风行动"等四个方面工作进行督查，旨在及时了解各地重点工作落实情况，掌握落实中存在的问题、困难及意见建议，纠正偏差、完善措施，促进各项税收工作顺利推进。

2016年，各级税务部门实施全面推开营改增试点，上下一心，发扬工匠精神，坚持从严从实从细，齐心协力打赢"开好票""报好税""分析好""改进好"等改革关键时段的战役，确保改革顺利实施、平稳推进。深入开展"便民办税春风行动"，着力解决纳税人办税中的"痛点""堵点"和"难点"问题，各地税务部门多措并举推出了31项8336条便民办税具体化措施，持续增强纳税人"获得感"。但个别单位仍存在不够到位的问题，影响了工作落地生效。

此次督查更加突出针对性、公开性和激励性，紧密围绕全国税务工作会议要求展开。在营改增方面，重点督查政策的落实与完善、服务的优化与不足、管理的成效与漏洞、纳税人的"堵点""痛点"及意见建议等。在开展"便民办税春风行动"方面，重点督查2016年春风行动取得的成效与存在的问题、2017年的新部署和工作进展情况等。督查分为准备、实地督查、总结和整改三个阶段。2017年2月20日—27日为实地督查阶段，各督查组将采取听取情况介绍、召开税务干部座谈会、查阅资料、召开纳税人座谈会、走访纳税人、暗访办税服务厅、处理相关邮件和电话、实地督查市县税务机关等多种形式，全面了解真实情况，查找问题并深入分析具体原因。督查团队由来自25个省（区、市）税务局和税务总局业务司局近120名税务人员组成，按照各自业务专长被分成10个督查组对应进驻10个省（区、市）国税局、地税局，按照总局督查要求组织开展深入督查。

近年来，税务总局从整体上健全抓落实的工作机制，以严的标准、实的举措狠抓落实，有力推动各项决策部署落地生效，督查已成为税务部门狠抓落实的重要抓手。税务总局专门建立了督查专员库，持续加大督查力度和深度，紧盯不放地督，循环反复地督，创新方式地督，真正铁面地督。2016年，税务总局以营改增、大众创业万众创新税收优惠政策落实、税收征管体制改革等为重点共开展19次督查，实现了对各省、自治区、直辖市和计划单列市国税局、地税局的全覆盖，确保各项税收改革落到实处。目前督查发现的问题已全部整改到位，并依纪依规对有关单位及责任人实施问责。督查有效地推动了重大税收政策和重点工作的部署落实。

值得关注的是，本次督查按照"鼓励有作为、整肃不作为、加强正向激励"的原则，大力推进督查激励工作，更加注重结果运用。对全面推开营改增试点以来纳税人税负明显下降的，督查组将总结归纳当地税务机关在政策落实中的成功经验与做法；对税负上升、政策落实工作中存在问题的，及时督促指导其制定对策，采取有效措施改进工作。对发现的可复制的新经验、新做法、新成果，在全国税务机关进行推广，推动营改增政策更好落地见效，推动税收工作不断迈上新台阶。

中国营改增获国际社会高度认可

China's B2V Reform Won Worldwide Applause

中国从2016年5月1日起全面推开营改增试点，目前正在顺利实施中，这一改革引起国际各界高度关注。经济合作与发展组织（OECD）等国际组织，彭博社、《国际税务》等主流财经媒体，普华永道、基德等国际大型会计法律咨询公司，以及各国知名财税专家对此给予了充分肯定和高度评价。

国际社会普遍认为，营改增展示了中国财税部门高效的执行力，不仅直接降低了企业税收负担，而且助推了供给侧结构性改革和企业转型升级，鼓励了大众创业、万众创新，对经济稳增长和市场增活力起到了重要促进作用。营改增使中国的增值税制度处于世界领先地位，在中国经济改革历程中具有里程碑意义。

财税部门执行高效

澳大利亚莫纳什大学商法与税法研究中心主

任理查德·克瑞沃在《国际税务》杂志中谈到，李克强总理在2016年3月5日宣布将在5月1日推开营改增时，业界广泛怀疑该时间表的可行性。但出乎意料的是，中国财政部和国家税务总局竟然真的在不到8周时间内克服了技术上和制度上的困难，制定出了实施方案。同时，中国的地方税务局和国家税务局在营改增交接过程中的积极配合也令西方学者和政治家赞叹。

奥地利维也纳经济大学全球税收政策研究中心主任杰弗里·欧文斯认为，税务机关进行了大刀阔斧的推进，并不断总结试点经验，使每个税务人员在面对这一颇具挑战性的改革时，都能熟练掌握开展征管工作的具体做法。

第十届税收征管论坛（FTA）大会期间，FTA主席暨英国皇家税务海关总署署长爱德华·楚普表示，中国税务部门面对如此多的纳税人，顺利推行营改增，充分表明了中国实现税收现代化的决心和信心，也展示了中国税务部门高效的执行力。

将成为里程碑事件

2016年11月3日，OECD税收政策与研究中心税收专家皮特·巴提奥一行赴江苏省和北京市国税局实地调研后，认为中国的增值税改革是一项举世瞩目的重大改革，值得其他国家学习和借鉴。

作为法国最大律师事务所之一的基德律师事务所在其财税简报中提到，营改增无疑将成为中国经济改革和发展历程中的里程碑事件。中国在营改增过程中不断颁布的各种具体操作措施，将为今后增值税立法奠定基础。

彭博社在其简报中评论道，中国的营改增不仅在短期内对经济增长有促进作用，而且从长期来看，税制改革对服务业的促进作用将有助于中国经济保持平衡发展状态，有助于经济结构优化。

普华永道中国内地及香港地区间接税主管合伙人胡根荣说，营改增贯通服务业内部和二、三产业之间的抵扣链条，消除了存在于制造业与服务业之间的税制隔阂，营造了公平、有效的税制环境，扩大了行业间贸易往来，激发了经济活力。

香港NOW电视财经台主持及评论员黎伟成在发表的文章《谈国论企》中认为，营改增后，多个行业的企业得到了大量可观的税收减免，营改增是一项藏富于企业乃至藏富于民的改革政策。

税制改革成功典范

中国的营改增是在全国范围内以统一的增值税制度来取代营业税制度。在全面启动营改增试点之前，已在一些地区和行业成功地开展了试点，积累了技术和政策方面的经验。

普华永道胡根荣认为，营改增是全球近年来最大规模的减税举措之一，新的增值税制度具有先进性，将对世界各国的税制发展起到示范作用。

欧盟增值税制度现代化问题专家小组成员让·克劳德·卜夏尔在2016年第10期的《国际税务》杂志中撰文称，过去30年间，中国高层决策者将老旧的税收制度转化成非常现代的增值税制度，某种意义上已领先其他国家。中国将金融行业纳入征税范围并按较低税率征税，无疑是朝着正确方向迈出非常勇敢的一步。凭借着强大而开放的经济，中国推行了正确的增值税制度。

卜夏尔说，中国增值税的转型速度极快，又避免了重蹈其他国家的覆辙，称得上是国际税制改革的成功典范。

中国营改增获经合组织高级评估

经济合作与发展组织（OECD）税收政策与管理中心已于近期完成对中国自2016年5月1日全面推开的营业税改增值税试点的高级评估。评估报告已于近期提交中国政府有关部门，内容包括全面营改增试点的主要成就，以及支持这项重大改革持续高水平实施的建议。

这项评估历时数月，通过与国家税务总局税收政策、征收管理、纳税服务等各方面专家的广泛讨论和交流获取大量相关资料。此外，评估组还赴北京、南京两地进行实地调研。

这项评估的总体结论是，中国在极短的时间内在增值税制度的设计和运行方面取得了举世瞩目的成就。中国做出正确的战略和政策决策，成功实现从复杂间接税到现代增值税的转型。

营改增试点极大提高了中国间接税制的整体中性，这一原则是OECD国际增值税指南中的核心原则。这一积极效应得益于营改增试点将整个服务业和房地产业纳入试点范围。而且，通过不懈努力将金融业纳入增值税系统也同样值得关注。中国可以通过以下措施进一步提高增值税的中性，包括调整进项增值税抵扣和退税机制，逐步减少税率档次、缩小小规模纳税人的范围，合理调整金融服务业的增值税制。

营改增试点显著提高了中国增值税的国际中性，尤其是按照国际标准进一步扩大了出口货物和服务的零税率范围。改革促使中国的增值税制更加

符合OECD国际增值税指南的消费地征税原则，这一原则是公认的国际理念，并被世界贸易组织在其相关规定中大力推崇。中国增值税的国际中性可以通过以下措施得到进一步提高，包括继续推动由普遍的零税率取代不能抵扣的免税办法，使出口货物及跨境劳务实现进项税完全抵扣；继续完善跨境服务业的零税率及出口退税机制。

营改增试点在提高税收征管水平及纳税服务水平方面取得显著成就。中国通过统一中央和省级层面的增值税管理、全国税务系统深入交流和广泛开展培训、投入大量人力和资源改善纳税服务，大力推进了改革措施的高效实施和坚定落实。金税三期工程推动实现了增值税征管的自动化、统一化管理，并帮助纳税人有效提高遵从度、提高进项抵扣和退税效率。这一工程对于防止发票虚开、偷税、骗税等税收犯罪效果显著，将持续提供可靠数据，协助税务机关进行风险管理。中国可以通过增值税统一立法，整合营改增试点的相关规章，进一步确保增值税征管的全国统一性。中国还可以利用金税三期工程继续深入开展风险管理，进一步提高税收征管水平和效率。对纳税信誉良好的企业免于发票认证的规定是非常值得赞赏的。

因此，目前全面推开营改增试点的成功，将有效推进中国增值税制度向更加现代化、国际化迈进。

税制改革"齐头并进" 改革效应逐步显现

Keeping Abreast with Each Other, China's Tax Reforms Started to Achieve Initial Success

国务院参事室近日举行2017年第2次集中工作日活动。国家税务总局副局长汪康应邀就有关税收问题作专题报告,并同国务院参事、中央文史研究馆馆员、国务院参事室特约研究员进行交流。

深化财税体制改革,是一场关系国家治理现代化的深刻变革,也是公众关注的一大热点问题。2014年中央政治局会议审议通过《深化财税体制改革总体方案》,将改革重点锁定六大税种,包括增值税、消费税、个人所得税、房地产税、资源税、环境保护税。当下这些税种改革进展如何?汪康在专题报告中作了阐述。

"自2016年5月1日全面推开营改增试点以来,改革显现了积极效应。"汪康表示,根据当前统计结果,2016年营改增直接减税额超过5000亿元。同时,营改增通过打通抵扣链条、消除重复征税,促进主辅分离,推动了产业结构转型升级、经济持续稳定发展。这一方面体现为全国规模以上工业企业利润不断增加,2016年5—12月从6.4%上升到8.5%;另一方面,也体现为第三产业保持较快发展,2016年我国服务业占GDP比重为51.6%,同比提高1.4个百分点。

"营改增充分体现增值税公平、中性优势,有效释放市场主体活力。"汪康说。2016年全国新登记市场主体1651万户,同比增长11.6%,而服务业新登记企业446万户,同比增长24.7%。对于下一步增值税改革重点,税务总局将会同有关部门统筹研究增值税简并税率问题,适时启动增值税立法。

2016年7月1日,资源税全面实施从价计征改革,涉及税目共129个。"从改革实施半年多情况来看,税收自动调节资源开采的作用开始发力,资源税费负担总体下降,企业综合开发利用贫矿的积极性明显增强。"汪康表示。不少企业在税收政策引导下,告别"浪费"行为,高效开发和利用资源的积极性增强。此外,在河北省实施的水资源税试点也取得了突破性进展,对抑制地下水超采、促进节约用水的政策效应逐步显现。

"消费税改革也稳步推进,进一步发挥特殊调节作用,合理引导消费。"汪康说。比如,对超豪华小汽车在零售环节加征10%消费税,通过增加税负引导合理消费、促进节能减排;再如,取消普通美容修饰类化妆品消费税,将高档化妆品消费税税率由30%调整为15%,通过减税鼓励老百姓消费、拉动内需。

当前公众的环保意识越来越强。2016年12月25日,《环境保护税法》经十二届全国人大常委会第25次会议二审通过,自2018年1月1日起施行。该法是本届全国人大常委会用时最短审议通过的第一部单行税法,体现了中央的重视和社会各界对环境保护税的期盼。

对于公众高度关切的个人所得税等改革进展,有关部门正在扎实推进。"按照税改规划安排,到2020年我国将逐步建立起更加适应社会主义市场经济和国际竞争需要、更有利于经济结构优化、社会公平和环境保护的税制体系。"汪康说。

在活动中,汪康一一回应了与会参事、馆

员、特约研究员提出的问题。对于与会参事、馆员、特约研究员提出的税收改革合理化意见建

议，汪康表示，税务部门将会认真研究、积极采纳。

税务总局与全国工商联签署合作协议并召开民营企业座谈会

SAT and ACFIC Signed a Cooperation Agreement and Jointly Held a Meeting with Private Sectors

2017年3月31日，全国工商联和国家税务总局在北京正式签署合作协议，共同助力民营企业健康发展。同时，共同组织召开了"深化税收改革助力民企发展座谈会"，认真倾听民营企业家的"涉税心声"，也为第26个全国税收宣传月活动拉开序幕。全国政协副主席、全国工商联主席王钦敏，国家税务总局党组书记、局长王军出席会议并讲话。中央统战部副部长、全国工商联党组书记、常务副主席全哲洙主持会议。

建立交流机制　共助民企发展

座谈会前，国家税务总局党组成员、副局长汪康，全国工商联副主席黄荣代表双方签署合作协议，双方将通过建立高层会晤机制、不定期召开民营企业座谈会、开展重点课题调研、加强情况沟通、建立信息交流制度等增强工作联系，形成听取民营企业对税收工作意见建议机制化、常态化，共同助力民营企业健康发展。

全国工商联主席王钦敏指出，工商联作为党和政府联系非公有制经济人士的桥梁纽带、政府管理和服务非公有制经济的助手，始终注重建立与政府部门的工作联系，努力搭建政企沟通平台。税收是优化资源配置、维护市场统一、促进社会公平的重要制度保障，税务总局在深化税收制度改革、服务民营经济发展方面所做的工作，

为促进大众创业万众创新、激发民营经济发展活力营造了良好环境。全国工商联与税务总局正式建立部际合作机制，为双方进一步深化务实合作、共同服务民营经济发展奠定了良好的基础，有利于畅通税企沟通渠道，帮助税务部门宣传税收政策，为民营企业反映诉求提供平台；有利于改进税收征管工作，优化纳税服务，不断深化税收制度改革；有利于发挥工商联和商会的组织优势，引导教育非公有制经济企业依法纳税、诚信经营。下一步，全国工商联与税务总局将进一步发挥各自优势，深化务实合作，不断拓展和丰富合作内容，增强合作实效，共同为促进民营经济健康发展营造更好的环境。

税收红利激发民企发展活力

民营企业对经济发展的贡献功不可没。据统

计，民营企业创造了60%以上的GDP、50%以上的税收、80%以上的就业，已经成为我国经济持续健康发展和税收增长的重要力量。

座谈会上，红豆集团、吉利集团、研祥集团、华坚集团、时代集团、奥盛集团、远东工具、京东集团、阿里巴巴集团等全国知名民营企业负责人先后发言，畅谈营改增等税制改革和各项税收优惠政策给企业带来的红利，税务部门优化纳税服务给纳税人带来的便利，并就完善和落实税收政策、做好纳税服务等民营企业涉税问题提出意见建议。

——"营改增，谁适应得快，适应得好，谁获益就越大"

"营改增给各级税务部门带来的工作压力及繁重程度是很大的，这是政府把麻烦留给自己，把利益留给企业，是一次真正的改革。"阿里巴巴集团董事局主席马云在座谈会上如是说。

"在推进税收体制改革方面，全面实施营改增政策使我们企业受益颇深。"吉利控股集团有限公司董事长李书福表示。据介绍，目前吉利积极进行转型升级，陆续投建新基地开展新项目，不动产建设支出是项目开展前期比重最大的支出。"根据全面推开营改增试点政策，建筑服务、不动产进项税可进行抵扣，我们按基建投入20亿元测算，吉利可新增1.98亿元进项抵扣，这给我们带来了实实在在的减税效应，极大地增强了企业的经营能力。"李书福说。

"近年来，国家实施了一系列税制改革和减税举措，对企业减负、鼓励创新、推动经济转型发挥了积极作用。"京东集团首席执行官刘强东表示。据悉，京东的配送、仓储、客服等业务皆受惠于营改增，外购的设备、燃料、过路过桥费、修理费等支出的进项税可以抵扣，2016年减税过亿元，此外享受研发费加计扣除政策，仅当年实现减税逾7000万元以上。

——"无风险不打扰，有需求服务好"

全国工商联副主席、红豆集团董事长周海江

为税务部门近年来各项服务措施"点赞"："这两年国税部门有一句话我印象非常深刻，叫'无风险不打扰，有需求服务好'，从企业角度看一个最明显的感受就是跟税务局'打交道'更少了，但办税效率却更高了。一方面是税务干部下企业少了，'不打扰'就让企业可以腾出更多精力专注于生产经营、转型发展，这也是一种'减负'。另一方面就是企业到税务局少了，这很大程度上得益于信息化建设与纳税服务的有机融合，电子税务局、实名制办税、国地税合作进一步增强了企业的'获得感'，助力税企双方实现共赢。"

"税企关系变革是一项庞大的社会系统工程，如何在新形势下，创新沟通方式，建立和谐的税企关系，不仅税务部门应当研究，也是企业应该着力研究的问题。"广东东莞华坚集团董事长张华荣表示，"民营企业的发展壮大，离不开税务部门的帮助和支持。税务系统对民营企业发展的重视和关心，增强了企业爬坡、过坎、开路的信心。"

——"怀揣税收优惠'大礼包'走向'一带一路'"

我国最大的出口型女鞋制造企业——东莞华坚集团于2011年在埃塞俄比亚投资成立了华坚国际鞋城有限公司，"华坚生产的鞋子是埃塞俄比亚第一双出口美国的鞋子，2014年以来东莞华坚集团响应国家'一带一路'战略，进一步加大了对埃塞俄比亚的投资，在中国和埃塞俄比亚政府签订税收协定以后，国税部门积极帮助企业熟悉双边税收协定，使得企业在埃塞俄比亚的股息税由10%降到了5%，2015年为我们企业优惠了30万美元，为进一步在埃塞俄比亚投资降低了成本。"张华荣介绍。

"对于税收改革在助力集团转型升级中的作用，我们感受真切。"张华荣表示，"对企业而言，各种税收优惠减下来的是真金白银，涨上去的是转型信心。"

周海江对于税收助力企业"走出去"同样深

有体会。"我们怀揣税收优惠的'大礼包'走出国门。早在2007年，红豆集团牵头在柬埔寨开发西哈努克港经济特区，从一片荒原中起步，用10年的时间建设成为柬埔寨最大的经济特区，也是'一带一路'上合作共赢的样板园区。这十年间税务部门始终陪伴我们摸着石头'走出去'。"

周海江说："西哈努克港经济特区建设初期，因为对投资环境、国情政策不了解，最担心会遇到不公平待遇、税收争议、重复征税这样的问题。国税部门专门帮助搜集整理中柬税收政策，量身打造常见问题操作指南，还派了国际税收方面的专家全程参与在柬项目，增强了投资信心；随着特区建设规模的加大，税务干部和我们在柬财务人员专门建立了微信群，实时解答、现场辅导，不仅帮我们规避了涉税风险，还充分享受了退免税优惠。"

"近年来，不少早期投资柬埔寨的中资企业相继表达了对税收减免期即将到期后税收负担可能上升的担忧，了解到这一情况后，税务部门及时将企业呼吁加快签订中柬双边税收协定的心声向上反映，通过税企共同努力，2016年习近平总书记访柬期间，双方签订了税收协定，为中国企业投资解决了'后顾之忧'。"周海江表示，西哈努克港经济特区建设的这十年间，各级税务部门与企业"走出去"发展始终同频共振、同向同行，陪伴红豆集团从乡镇企业发源地的一颗小小"红豆"，成长为国内民营企业之林的一棵"大树"。

深化税收改革　助力民企加快发展

王军仔细听取各位民营企业家代表的发言，不时同参会民营企业家沟通交流，认真回应企业家关切。王军强调，党的十八大以来，在以习近平同志为核心的党中央坚强领导下，我国经济社会实现持续健康发展，取得举世瞩目的巨大成就，其中，民营企业的贡献功不可没。

"总体来讲，税收政策是中性的，对各种经济类别的纳税人一视同仁，目的就是营造公平竞争的税收环境。但考虑到民营经济存在抗市场风险能力相对偏弱等实际情况，国家专门出台了鼓励民营企业投资和科研等税收优惠政策，这些政策与其他普惠性政策一道，综合发力，有力地助推了民营经济茁壮成长。"王军说。

王军透露，下一步，将按照李克强总理在今年《政府工作报告》中提出的要求，进一步加大税收政策支持力度。如扩大小微企业享受减半征收企业所得税优惠的范围，年应纳税所得额上限由30万元提高到50万元，将科技型中小企业研发费用加计扣除比例由50%提高到75%等，千方百计促进民营和所有企业发展。同时，进一步落实和完善全面推开营改增试点政策，简并增值税税率结构，实现由四档税率简并至三档，营造简洁透明、更加公平的税收环境。

此外，还将进一步加大力度，降低减少纳税人办税制度性交易成本，更好激发市场主体活力。比如，在简政放权上，将目前的7项许可审批事项再精简1项，对保留的项目也要提速办理。再如，在简并涉税资料上，实行清单式管理、一次性报送，凡纳税人已报送过和税务信息系统能生成的，就不让纳税人重复报送。又如，在打破办税地域限制上，将在前些年推行同城通办、省内通办的基础上，对跨区域经营企业推行全国通办，使企业不受地域限制办理涉税事宜。

另外，税务部门将与银监会进一步推动"银税互动"工作，探索税务部门和银行业金融机构搭建"互联网+大数据+金融+税务"平台，将银税互动信息由"线下"搬到"线上"，并优化完善信贷审批流程，更加方便纳税人办理贷款。扩大受惠范围，将受惠群体由纳税信用A级扩大至B级。特别是加大对进出口贸易和企业"走出去"的支持力度。

截至2016年底，我国已与106个国家和地区签署税收协定，其中属于"一带一路"沿线国家的有54个，并积极运用协定帮助企业消除重复征税。"今年，我们还将与包括'一带一路'国家在内的8个国家开展税收协定谈判，4月底前将集中发布40份左右的'一带一路'重点国家投资税收指南，并启动对'走出去'重点国家和国际组织派驻税务官员，专门承担开展国际税收协作、涉税争端解决、涉税信息收集、提供涉税服务等任务。"王军说。

王军要求，各级税务机关及广大税务干部要凝心聚力，真抓实干，全力落实好今年《政府工作报告》中部署的各项税收工作任务，一如既往地深化税收改革、优化纳税服务、落实各项税收优惠政策，努力把各项税收工作做得更扎实，努力为包括民营企业在内的广大企业服好务，为我国经济社会发展服好务，以优异成绩迎接党的十九大胜利召开。

全国工商联领导樊友山、谢经荣、黄荣、杨启儒、王永庆、赵德江，税务总局领导王陆进、刘丽坚，双方有关司局主要负责人参加会议。

全国税务工作会议在北京召开
National Meeting of Tax Administration was Held in Beijing

2017年1月12日，全国税务工作会议在北京召开。会议的主要任务是，深入学习贯彻党的十八大和十八届三中、四中、五中、六中全会及中央经济工作会议精神，总结2016年税收工作，部署2017年税收任务，扎实推进税收现代化建设。国家税务总局党组书记、局长王军作工作报告。

王军指出，2016年，全国税务系统坚决贯彻落实党中央、国务院决策部署，紧盯税收现代化目标，奋力拼搏，奉献担当，实现了"十三五"时期税收事业发展的良好开局，各项税收改革发展取得新成绩。

2016年，税务总局党组和各级税务机关党组深入开展"两学一做"学习教育，认真学习党章党规和习近平总书记系列重要讲话，进一步增强"四个意识"特别是核心意识、看齐意识，引导广大党员干部将学习教育与急难险重税收改革任务紧密结合起来，充分发挥战斗堡垒作用和先锋模范作用，为各项税收工作夯实了政治思想基础。税务总局党组自觉接受、主动配合中央专项巡视，切实履行管党治党主体责任，把狠抓巡视整改作为重大政治任务抓紧抓实抓好，认真完成巡视整改任务，初步构建了税务系统全面从严治党新格局。

圆满完成预算确定的收入任务，进一步增强了改革发展和民生改善的财力保障。狠抓依法征税，狠抓风险管理机制建设，狠抓打击涉税违法行为，同时将不收"过头税"作为税收征管工作中必须坚守的红线，想方设法落实好每一项税收优惠政策。在经济下行压力较大、减税规模增加的情况下，连续第四年圆满完成了预算确定的税收收入任务。2016年，全国税务部门组织税收收入115878亿元（已扣减出口退税），比上年增长

4.8%。在GDP增速下降幅度不大的情况下，2016年税收收入增幅下降较多，实施减税政策是其中一个重要原因。税制改革和减税政策不仅直接降低了企业税收负担，有力支持了大众创业、万众创新，而且助推了供给侧结构性改革和企业转型升级，对稳定经济增长和增强市场活力起到了重要促进作用。

坚决打赢全面推开营改增试点战略攻坚战，有力助推了供给侧结构性改革。目前，改革总体运行平稳、渐行渐好，成效好于预期。首先是直接效应明显，全年累计减税将超过5000亿元，确保实现所有行业税负只减不增的改革目标。营改增大大降低了以工业企业为主体的原增值税纳税人的税收负担，对促进实体经济发展产生了积极效应。其次是外溢效应凸显，在促进经济增长、产业升级、企业发展、就业创业、社会诚信、国际合作方面的积极作用越来越突出。营改增通过税制完善和制度调整释放减税红利，企业通过及时调整经营管理，不断适应新的税制实现减税降负。再次是长远效应渐显，将会促进政府与企业、中央与地方分配关系的进一步改善，促进市场秩序和运行机制的进一步规范，促进企业治理、税收治理、财政治理、经济社会治理水平的进一步提升，为推动我国治理体系和治理能力现代化提供有力支撑。

全力落实《深化国税、地税征管体制改革方案》，提升了税收治理能力。税务总局坚决落实中央全面深化改革的各项部署要求，强化改革工作统筹，指导各地改革试点，系统上下联动推进，保证了《方案》的顺利实施，税收改革一些主体性、标志性措施有序推出，资源税全面改革、环境保护税立法等重大改革取得实质性进展，体制机制性改革初步突破，"便民办税春风行动""互联网+税务"等取得显著成效，实现了"确保2016年基本完成重点改革任务"的目标，进一步彰显了税收在国家治理中的基础性、支柱性、保障性作用。

金税三期工程全面上线，为税收现代化插上了"金色翅膀"。紧紧抓住科技发展战略新机遇，在税收工作中充分运用现代信息技术，推动税收信息化建设迈上新台阶。2016年10月金税三期工程在全国税务系统全面上线并平稳运行，在我国税收发展史上首次实现了信息化基础平台、应用软件、业务标准等方面的统一，将使税务系统的软件基础、数据资源、技术条件发生跨越式变化，显著提高税收执法和服务的规范性和统一性，为税收服务国家治理现代化提供强有力的信息技术支撑。

成功承办第十届税收征管论坛（FTA）大会，充分展示了大国税务形象。认真贯彻习近平总书记重要指示精神，深度参与全球税收治理，深化国际税收合作，进一步提升了我国税务在国际税收领域的话语权和影响力。特别是第十届税收征管论坛大会在实施国际税收改革成果、建设现代化税务部门、加强征管能力建设等方面达成重要共识，签署了11个双边、多边税收协议或达成合作意向，展示了我国税务部门积极服务"一带一路"战略、帮助发展中国家提高税收征管能力、严厉打击国际逃避税等方面的成果，充分展现了中国锐意改革、健康发展的大国形象。

探索形成带好队伍的创新性机制体系，为税收改革发展提供了坚强组织保障。针对税务系统实际，探索实施了加强党建和干部队伍建设的创新性、机制性办法及措施，形成了"纵合横通强党建、绩效管理抓班子、数字人事管干部、培育人才提素质、夯实基层激活力"的工作机制体系，着力破解税务系统党的建设和干部队伍建设中的难题，促进各级班子担当尽责，广大干部干事创业，有力推动了税务系统党风廉政建设，为税收改革发展提供坚强有力的组织保障。

王军指出，2017年，党中央、国务院对做好税收工作提出一系列新任务、新要求，税务部门肩负的任务更加繁重。全国税务系统要全面贯彻党的十八大和十八届三中、四中、五中、六中全会及中央经济工作会议、中央纪委七次全会精神，深入学习贯彻习近平总书记系列重要讲话精神，统筹推进"五位一体"总体布局和协调推进"四个全面"战略布局，坚持稳中求进工作总基调，牢固树立和贯彻落实新发展理念，适应把握引领经济发展新常态，围绕"干好税务、带好队伍"，深化改革、注重集成，扎实推进税收现代化，努力完成预算确定的税收收入任务，充分发挥税收调控经济、调节分配的职能，进一步提升税收工作站位，切实增强税收在国家治理中的基础性、支柱性、保障性作用。

为贯彻党中央、国务院各项工作部署，全国税务系统要坚持稳中求进工作总基调，通过干好税务保持税收收入的稳定增长，通过带好队伍实现干部队伍的稳定发展，以"双轮驱动"加快推进税收现代化建设，既要坚定不移深化改革，又要事事关联，注重集成，形成相辅相成的联动效应、纲举目张的带动效应、层层递进的深化效应、融合新生的聚变效应。进一步健全完善"依法征税聚财力、改革强税促发展、便民办税优服务、科技兴税提质效、多方协税谋共治"的工作机制体系，确保完成各项税收改革发展任务。

一是依法征税聚财力。各级税务部门要严格做到"四个坚决"：坚决依法收好税，进一步完善收入管理体系，健全税收风险管理体系，加强税收风险管理研判，努力完成预算任务；坚决不收"过头税"，强化税收会计监督，严肃组织收入纪律，严守依法征税底线，对于违规收"过头税"的行为不仅要坚决纠正，而且要坚决追究责任人员和相关领导的责任，绝不姑息；坚决落实减免税，积极配合财政部研究新的减税措施，同时要加强政策效应分析评估，及时提出完善政策的意见建议，进一步改进税收优惠办理手续，确保各项税收优惠政策不折不扣落地见效，助力企业加快发展；坚决打击偷骗税，把"收、防、减、查"集成起来，努力保量更优质地完成预算确定的税收收入任务。2017年，要在全国税务系统开展一次针对"四个坚决"落实情况的税收执法"大督察"，确保真正落到实处。

二是改革强税促发展。税务部门要与财政和各有关部门一起继续扎实做好2017年全面推开营改增试点各项工作，深入开展营改增政策"大辅导"，有针对性地帮助纳税人用好抵扣政策，更好享受减税红利，并对发现的问题及时改进。积极研究健全地方税体系方案。继续深化资源税改革。进一步深化国税、地税征管体制改革。继续深化税务行政审批制度改革，大力支持深化商事制度改革，进一步加强税务行政审批改革事项的事中事后监管，确保放下去、管得住、服务好。深度参与国际税收改革和治理，严厉打击国际逃避税行为，帮助发展中国家提高税收征管能力，完善我国国际税收治理体系。

三是便民办税优服务。近日启动2017年"便民办税春风行动"，进一步推进对纳税人"大服务"，多推便民之举，多施利民之策，切实提升纳税人满意度和获得感。要在便利上出新招，再次清理和简并涉税资料报送，积极拓宽便利办税渠道，特别是优化网上办税模式，实现网上网下服务互补互促，优化发票服务，让纳税人办税更省心。在规范上再升级，进一步升级纳税服务规范、国税地税合作规范，让纳税人办税更顺心。在维权上做实事，健全纳税服务投诉办理机制，进一步规范税收执法，提升政策咨询水平，让纳税人办税更放心。要开展好4月份第26个全国税收宣传月活动，掀起新一轮税收"大宣传"，把税收宣传与其他税收工作同布置、同检查、同考核，不断创新纳税服务宣传方式，更好让纳税人熟悉税收政策。

四是科技兴税提质效。认真落实"十三五"国家信息化规划，推进信息系统升级融合，进一步深化"互联网+税务""互联网+政务服务"工作，推进建设智慧税务信息系统。深化数据集成应用，建立一体化数据平台，加强数据标准化建设，建立数据供需双方对接渠道和良性互动机制，特别要加强数据分析应用，形成数量更多、质量更高的税收分析产品，更好服务领导决策和国家治理。切实提升税收信息化安全管理水平，增强网络安全监测、预警和感知能力。

五是多方协税谋共治。加大税务部门与其他部门信息共享平台的联通力度，推进涉税信息聚合共享。加强纳税信用联合应用，进一步完善守信联合激励和失信联合惩戒制度，促进纳税人遵从。总结全面推开营改增试点中各方协同治税的经验，实现多方力量汇合联动，进一步构建"党政领导、税务主责、部门合作、社会协同、公众参与"的税收共治格局，凝聚做好税收工作的合力。

王军要求，干好税务必须带好队伍。2017年，全国税务系统要扎实推进完善"纵合横通强党建、绩效管理抓班子、数字人事管干部、培育人才提素质、夯实基层激活力"的工作机制体系，并注重巩固深化、完善提升、系统集成，使之在制度设计、实践推进中有机衔接、彼此支撑、联动互促；要深入学习贯彻党的十八届六中全会、中央纪委七次全会精神，切实加强税务系统党的领导，认真落实全面从严治党主体责任，进一步推进税务系统党风廉政建设和反腐败工作，为税收事业发展提供坚强有力的思想、组织和廉洁保证。

王军强调，2017年税收改革发展工作艰巨而光荣，全国税务系统要紧密围绕在以习近平同志为核心的党中央周围，深入学习贯彻习近平总书记系列重要讲话精神，认真落实李克强总理、张高丽副总理关于做好税收工作的重要批示指示精神，深化税收改革，注重改革集成，扎实推进税收现代化建设，确保完成各项税收工作任务，为保障经济持续健康发展和民生改善，实现全面建成小康社会的宏伟目标做出新的更大贡献，以优异成绩迎接党的十九大胜利召开。

会议以视频形式召开，表彰了各省区市税务部门先进集体、先进工作者。税务总局党组副书记、副局长王秦丰主持会议，全国人大常委会预算工委副主任刘修文、税务总局领导、部分老领导、各司局主要负责人，各省、自治区、直辖市和计划单列市国税局、地税局主要负责人，中央和国家机关有关部门负责人参加了会议。

税务总局出台《全国税务稽查规范》
依规执行税务稽查标准　依法保障纳税人权益

SAT Issued the Standard on Tax Audit to Safeguard the Legal Rights of Taxpayers

为深入贯彻落实《深化国税、地税征管体制改革方案》关于税务稽查改革的相关要求，国家税务总局近期出台《全国税务稽查规范（1.0版）》，从税收违法案件查处、税收违法案件管理、税务稽查综合管理等方面进一步规范税务稽查工作。

"税务稽查部门担负着贯彻实施税法的重要职责，稽查规范的实施，对促进税务部门公平、公正和廉洁执法起到了积极的推动作用。"据税务总局稽查局相关负责人介绍，该规范包括13大类94小类730项税务稽查事项，引用各类法律法规及规范性文件119件，提示各类风险点307条，涉及税收执法文书及内部管理文书211种，实施该规范有利于保障纳税人的合法权益，防范稽查执法风险，提高稽查工作质效。

该规范以指引税务稽查人员正确、规范、高效、安全执法为出发点，以税务稽查案件查处流程、管理为主线，以各流程岗位职责为基准，全面梳理稽查计划管理、案源管理、选案管理等稽查各环节的岗位职责、法律依据等，从业务流程到内部管理，从业务依据到风险提示，从事前准备到事后监控，形成了完整闭合的税务稽查工作流程。

——突出计划和案源管理，强化源头治理。突出稽查计划对案源管理的统领作用，明确各级税务稽查部门需要制订的稽查计划类型、步骤和程序、计划评估以及计划调整等事项。规范案源管理，切实提高案源质量，做到案源信息来源多渠道，实现全涵盖，并加强稽查引导，解决执法任性的问题。

——突出执法合法性和程序性，注重实务操作。严格依据现行相关法律法规，在执行环节全面与《行政强制法》进行衔接，在检查环节紧扣《行政诉讼法》，在审理环节建立集体审议和集体审理机制，以推进科学民主决策，提高税收执法质量。

——突出系统监控和绩效考评，深化成果运用。将税务稽查工作与金税三期工程相关模块对接协调，在计划、案源（选案）、检查、审理、执行等环节设立执法疑点监控指标，对事前、事中的预警类指标实时进行提醒，对事后的任务类指标定期进行推送，强化过程监控和绩效考评，提高稽查办案工作质量。

——突出保障纳税人合法权益，坚持公正公平。该规范秉持"无计划不稽查""无统筹不进户"的工作思路，强化稽查计划管理和案源管理，减少对正常经营户的不必要干扰。对税务检查流程进行全面梳理，对处理标准进行统一，在全国范围内实现了国税、地税稽查执法一个标准、一把尺子，营造公正公平的税收执法环境。全面梳理了纳税人享有的各项权利，明确纳税人在整个税务稽查过程中享有陈述、申辩等权利，更加注重保障纳税人的商业秘密、个人隐私等信息。

税务总局举行首次宪法宣誓仪式

SAT Hosted the 1st Swearing-in Ceremony to Abide by the Constitution

为激励广大干部忠于宪法、恪守宪法、维护宪法、依宪履职，根据《国务院及其各部门任命的国家工作人员宪法宣誓组织办法》，2017年1月11日下午，税务总局举行首次宪法宣誓仪式。国家税务总局党组书记、局长王军监誓，党组成员、副局长孙瑞标主持。

宣誓现场国徽高悬，五星红旗鲜艳夺目，宣誓台上摆放《中华人民共和国宪法》，气氛庄严而隆重。

宣誓仪式开始，全体起立，同唱中华人民共和国国歌。领誓人、税务总局党组成员、总经济师任荣发左手抚按宪法，右手举拳，宣读誓词：忠于中华人民共和国宪法，维护宪法权威，履行法定职责，忠于祖国、忠于人民，恪尽职守、廉洁奉公，接受人民监督，为建设富强、民主、文明、和谐的社会主义国家努力奋斗！

宣誓后，王军强调，宪法是国家的根本法，是治国安邦的总章程。宪法宣誓既是国家工作人员履行国家赋予职责的重要仪式，更是宣誓人对宪法的一种表态、一份承诺。王军勉励大家铭记誓言、履行承诺，依法治税、廉洁为税。要坚定理想信念，不断增强"四个意识"特别是核心意识、看齐意识，始终在思想上政治上行动上同以习近平同志为核心的党中央保持高度一致。要忠于祖国、忠于人民、忠于党，坚持为经济社会发展和纳税人服好务。要实干担当、团结一心、砥砺奋进，坚持为国聚财、为民收税，以优异成绩迎接党的十九大胜利召开，为中华民族伟大复兴的中国梦而不懈奋斗。

主会场宣誓人员为税务总局党组2016年以来任命的司处级干部145人，全国各省（区、市）国税局采取视频方式同步进行宪法宣誓仪式。税务总局领导、机关各司局和直属事业单位主要负责人，各省（区、市）和计划单列市部分国税局主要负责人列席宣誓仪式。

税务总局举行新闻通报会
税收"账本"显亮点 纳服创新更"有感"

SAT Held Press Briefing on Fruitful Tax Administration and Innovative Taxpayer Service

2017年4月20日，国家税务总局举行新闻通报会，介绍2017年第1季度税务部门组织税收收入、营改增工作新措施、便民办税新举措、实施联合惩戒、开展税收执法大督察等情况。

2017年第1季度，全国税务部门组织税收收入33317亿元（已扣减出口退税），比上年同期增长11.8%。其中，第二产业税收收入增长15.7%，反映实体经济情况好转；第三产业税收收入占比达到55.7%，显示经济结构不断优化。

晴雨表：税收变化显示经济稳中向好

第1季度税收收入增长较快，主要是受PPI等与税收关联度高的经济指标上涨带动，而不断变化的税收数据，也反映出1季度经济发展中的新亮点。

现代服务业税收增长强劲，显示经济结构转型进一步取得成效。第1季度第三产业税收收入占比达到55.7%，超过第二产业11.6个百分点。尤其是现代服务业中互联网服务、信息技术服务等信息产业蓬勃发展，税收收入分别增长61.4%和42.1%。

第二产业税收增长加快，表明实体经济情况好转。第1季度第二产业税收收入增长15.7%，比2016年全年增幅提高16.4个百分点。其中，高端装备制造业税收继续较快增长，通用设备、汽车、通信设备制造业税收收入分别增长24.1%、18.9%和17.1%。"这反映市场环境趋好，供求关系改善，实体经济情况好转。"郑小英分析说。

重点区域税收增势较好，体现国家战略实施

效果明显。第1季度，京津冀地区税收收入增长17.1%，比全国平均增幅高5.3个百分点。长江经济带11个省市中有7个省市增幅高于全国平均水平，其中互联网服务、软件和信息技术行业税收收入分别增长44.8%和56.6%。

动态图：守信纳税人占比逐年递增

依据纳税人信用历史信息等内容，将纳税人的信用等级分为A、B、C、D四级。2016年在符合条件的882万户纳税人中评出A级纳税人70.9万户，占比8.04%。

数据显示，2014—2016年，我国A级纳税人数量分别为65.3万户、70.2万户和70.9万户，占比分别为7.65%、7.9%和8.04%，呈逐年递增态势。这表明通过实施联合激励惩戒措施，纳税人对纳税信用的重视程度日益提高，自律意识不断增强。

这一趋势从B级纳税人占比较快增长，C级、D级纳税人占比明显减少中也可以看出。比如，2016年度B级纳税人为654.3万户，占74.18%，同比提升14个百分点。同时，C级纳税人较2015年度减少了102.9万户，占比下降11个百分点。

守信纳税人占比逐年递增的变化，不仅推动了社会信用体系建设，还通过"税银互动"把纳税信用"变现"，帮助企业解决融资难题。也正因为如此，不少企业将纳税信用当作企业发展的"金名片"。为了更好地激励守信纳税人，2017年税务总局不断扩大"税银互动"受惠面。比如，进一步丰富税银信息互换内容，化解银企信息不对称问题，便于企业及时取得贷款。再如，扩大参与税银互动商业银行的范围和数量。下一步还将税银信息互动由"线下"搬到"线上"，推动合作渠道多样化。

税务总局近期还将试行个体工商户纳税信用评价，通过信用累积的变化，动态反映纳税人信用状况，持续提升个体工商户诚信意识，让守信者一路绿灯，失信者处处受限。

增效剂：营改增再发十条征管新措施

大力度减税的营改增，如何让企业更"有感"？这也是今年继续深化这项改革的重要着力点，即针对试点纳税人的需求进行"优化"。近日税务总局将再出台十条新措施。

*一方面，明确政策口径，减轻纳税人税收负担。*比如，明确了植物养护服务按照"其他生活服务"缴纳增值税，统一园林绿化行业政策执行口径。对纳税人销售自产货物同时提供建筑、安装服务的，允许分别核算销售额，分别适用税率或征收率，进一步减轻建筑企业税收负担。明确了建筑企业内部分包模式中的纳税主体和发票开具抵扣问题，帮助纳税人消除潜在涉税风险，为纳税人正常开展经营提供宽松的税收管理环境。

再如，明确了电梯企业安装服务的计税方式。也就是说，电梯企业销售电梯并提供安装服务，和客户别处采购电梯后委托其安装，安装服务都可以选择适用简易计税方法计税。同时，对电梯进行日常清洁、润滑等保养服务，按现代服务业适用6%的税率计税。

*另一方面，简化征管流程，降低纳税人办税成本。*比如，缩短办理增值税专用发票最高开票限额的审批时限。实行实名办税的地区，已完成实名信息采集的纳税人，申请限额不超过10万元的，主管国税机关由此前20个工作日内办结，提速至2个工作日内办结，有条件的主管国税机关即时办结。

再如，自2017年6月1日起，将小规模纳税人自开增值税专用发票的试点，由住宿业和鉴证咨询业扩大至建筑业。月销售额超过3万元的小规模纳税人，提供建筑服务、销售货物时，可以通过增值税发票管理新系统自行开具。

组合拳：以需求为导向"提速"便利办税

为化解纳税人办税中存在的"难点"问题，税务总局深入开展"便民办税春风行动"，1季度共推出精简境外建筑服务涉税资料等97项便民办税措施。与此同时，各地税务机关也结合本地实际细化出2064项便民办税具体措施，旨在有效减轻办税负担，提升办税质效，使纳税人获得感更强、满意度更高。

在此基础上，近期税务总局还将陆续推出一系列便民办税的措施，最大限度便利纳税人。

推行"电子化"办税，让纳税人"少跑路"。比如，简化外出经营税收管理。"纳税人外出经营缴税，一般要经历开具、报验、外出经营结束申报和缴销《外管证》四个环节。特别是建筑安装类企业外出经营项目多，会增加负担。"张维华说，通过外出经营数据信息的跨省流动，逐步实现《外管证》开具和报验登记电子化，让纳税人"少跑路"。再如，推进网上代开发票，纳税人在网上代开发票后，可以自愿选择邮递配送、自助办税终端自取、办税服务厅窗口自取等方式领取发票，大大缩短办税时间。

加强政策提示和辅导，为纳税人"避风险"。运用大数据对纳税人登记、申报、财务等信息进行梳理，在纳税人企业所得税年度申报前，进行风险提示，帮助纳税人正确理解税收政策，降低纳税风险。

探索推行"群申报"，为纳税人"提效率"。不少企业委托税务代理人办税，优点在于提高专业性和规范性，但由于一个人代理多家企业，需要逐户认证去办理申报等事项，存在效率不高等问题。对此，各地税务部门探索税务代理人网上办税专用客户端，实现"群申报"，不用逐户认证登录，可以集中办理业务，获得税务代理人的好评。

黑名单：加大惩戒让企业"知错立改"

近年来，税务部门大力推行税收违法"黑名单"和联合惩戒制度，有效震慑涉税违法行为，提高税法遵从度。

第1季度，税务总局新公布税收违法案件795件。其中偷税案件245件，虚开增值税专用发票或者虚开用于骗取出口退税、抵扣税款的其他发票案件502件。一方面2016年联合惩戒范围、参与单位实现"双扩围"，联合惩戒措施由18项增加到28项，联合惩戒部门由21个增加到34个；另一方面，2017年第1季度各相关部门联合惩戒力度持续加大。

按照修订后的《重大税收违法案件信息公布办法》规定，一旦登上"黑名单"将多方面受限，比如出国出境、就任职务、申请政府用地、政府采购等。第1季度，公安部门已办理阻止欠税人出境边控信息928人次，实际阻止出境64人次；1716名"黑名单"当事人被工商部门、市场监督管理部门限制担任企业的法定代表人、董事、监事及经理职务；1954户"黑名单"当事人被限制取得政府供应土地，实际申请未获批准企业共6家；另外有2062户"黑名单"当事人在政府采购中受限，其中52户企业3年内被禁止参加政府采购活动。

不仅如此，"黑名单"上当事人的有关经济行为也会受到严重影响。第1季度共有2126户"黑名单"当事人无法正常进行融资授信，其中宁波6家银行削减23户"黑名单"当事人授信额度约8000万元；此外，还有1719户经营行为受到证券监督管理部门限制。

随着联合惩戒范围和力度持续加大，越来越多的纳税人意识到涉税失信的严重性，在被"黑名单"曝光后"知错立改"。截至2017年3月，共有799户黑名单当事企业在主动缴清税款、滞纳金和罚款合计52.25亿元后，得以从"黑名单"公告栏中撤出。

大体检："大督察"进一步规范税收执法

完成好税收收入任务是税务部门的天职。各级税务部门落实"坚决依法收好税、坚决不收'过头税'、坚决落实减免税、坚决打击偷骗税"情况如何？对此，税务系统3月起开展了税收执法大督察，对税收执法情况进行"大体检"。变抓"一根线"为织"一张网"，空间上覆盖所有税收执法单位，内容上覆盖所有税收执法行为，目前已取得初步成效。

第一个成效是确保依法依规组织收入。这是税收工作的底线，因而本次大督察把收入质量摆在首位，不仅利用大数据指标分析实施"兜底式"扫描，同时督促各级税务机关针对长期欠税、虚开发票、偷税骗税等行为，加大打击力度，规范和整顿税收征管秩序。

第二个成效是促进税制改革平稳推进。围绕营改增试点纳税人税负是否降低、征收品目预算级次是否正确、发票发放是否合理等政策落实的"最后一公里"，大督察期间组织税企座谈476次、发放调查问卷3.97万份、走访企业1.72万户，累计解决营改增纳税人需求2011项。

第三个成效是加大改革红利释放力度。为促进小微企业、高新技术企业等优惠政策有效落地，大督察对事前管理事项、办税等待时间、办税成本等环节是否做到"只减不增"进行督察，进一步提升纳税人"获得感"。

此外，还通过督察税收执法，纠正执法不规范、不到位现象，同时完善有关政策规定、制度办法，进一步确保税收权力始终运行在法律、法规轨道之内，促进税收执法更加规范、公平和高效。

会上还通报了上海洪翀骗税案、广东今来药业有限公司虚开增值税专用发票案等10起重大骗税和虚开发票违法案件。

税收数据显示"新经济"发展成效显著

Tax Data Indicate Sound Growth of the "New Economy"

□ **国家税务总局收入规划核算司**

税收数据显示,2016年,以新产业、新业态、新商业模式为代表的"新经济"发展迅速,产业升级步伐加快,取得显著成效。

一、"新经济"发展态势良好

一是"新经济"税源快速增长激发税收新活力。近年来,在商事制度改革和"双创"带动下,市场活力进一步激发,"新经济"税源规模和新增税户增长迅速。2016年,全国众创空间、孵化器等新兴服务业新办工商登记企业同比分别增长47.3%和40.9%,为创新创业提供了良好的发展环境。北京新设文化、科技类企业分别增长64.7%和21.8%,新三板挂牌公司新增728家,多数为文化、科技类公司;相应的,2016年北京市文体娱乐业、软件和信息技术服务业税收分别增长19.4%和9.8%。天津科技型中小企业达到8.2万户,较上年增加1.2万户;其中科技"小巨人"企业3913户,较上年增加561户,科技"小巨人"企业实现税收408.5亿元,占本地税收总量的13.4%,成为重要税源。

二是新技术创新驱动形成新的消费领域。在大众创业、万众创新的时代背景下,新技术创新驱动培育出新的消费领域。如电商平台天猫推出虚拟现实技术购物体验——"Buy+"频道后,上线1个小时即有近3万名消费者参与体验。民用无

人飞行器市场也逐渐由航模爱好者的小众市场走向普通消费者,创造了新的消费领域。深圳大疆创新公司作为全球顶尖的无人机飞行平台和影像系统自主研发制造商,以领先的技术和尖端的产品引领市场发展,近4年销售收入增长上百倍,实现跨越式发展。2016年,该公司缴纳税收同比大幅增长。

三是"互联网+"助力传统行业转型升级发展新业态。出租车行业与互联网结合后产生了新的网约车行业,行业规模急剧扩大,产生了滴滴、易道等一批网约车平台公司,推动了共享经济业态发展。前几年企业发展面临瓶颈的飞鸽车业,于2015年引入"互联网+"和智能化设计理念,研发国内首款超级自行车,实现了防偷盗、运动音乐、数据监测、自行车通信四大系统功能,迅速打开市场,两年间税收增长30%以上。摩拜科技利用"互联网+"解决都市出行问题,推出的摩拜单车迅速风靡,并带动上游相关制造企业产能和税收迅速增长,如镁航科技作为摩拜单车零配件供应商,2016年税收收入大幅增长。

四是新产业发展成为当前税收增长的新亮点。2016年,科技创新类制造业和部分生产性、消费性服务业等新产业税收增长突出,成为当前税收增长的亮点。与创新驱动联系较为紧密的医药制造业,2016年完成税收1302亿元,增长9%。服务业中,与制造业密切相关的商务服务业、科学研究和技术服务业、软件和信息技术服务业税收分别增长14.5%、24.6%和37%,生产性服务业

助力制造业转型升级的能力增强。体育业、教育业和广播影视业税收增长分别为29.2%、24.9%和15.9%，反映出精神型、改善型和服务型消费需求逐步释放。

五是"新经济"催生制造业与服务业融合发展新模式。大数据、云计算，以及互联网技术的快速发展，大力推动了我国制造业与服务业的产业创新和融合发展，既有产品制造企业向服务领域延伸来拓展产品价值，又有服务企业打破行业壁垒跨界产品制造来提升竞争力。比如，依托大数据、云计算等为传统制造业转型升级提供技术和信息服务的卓朗科技公司，成立至今一直保持高速发展，2016年实现税收大幅增长，是上年的4倍。中恒宠物有限公司创新了"制造+服务"模式，围绕"全球宠物用品集散地"目标，建立"宠物银行"全球电商平台，自主研发的宠物用品畅销欧美、日本及东南亚等多个国家和地区，是国内最大的宠物用品出口生产基地。2016年实现税收较上年较快增长。

二、各地因势利导发展"新经济"成效显著

总的来看，东部地区体大量多，在发展"新经济"方面势头强、亮点多，不断形成新的发展动能，为我国经济转型升级提供了重要支撑。中西部地区虽然经济总量不如东部，但也努力拓展新发展空间，区域发展新亮点不断涌现。

一是东部地区生产性服务业发力助推实体经济发展。借助人才集中、资金充裕、交通便利、工业基础扎实等优势，东部地区着力发展与制造业密切相关的生产性服务业。2016年，东部租赁和商务服务业税收增长15.8%，分别高于中部、西部4.7个和2.2个百分点；交通运输、仓储和邮政业税收增长10%，分别高于中部、西部7.5个和5.6个百分点。如上海市着力打造综合经济实力雄厚、产业能级高、集聚辐射能力强的国际经济中心，积极引进培育各类专业服务企业和经济类中介服务机构，2016年租赁和商务服务业税收完成1423亿元，增长32.6%，税收规模和增加额均居全国第1位。

二是中部地区文化和娱乐产业增势迅猛。中部地区依托深厚的历史文化底蕴大力发展文娱产业。2016年，中部地区电视、电影和影视录制业税收增长18.2%，分别高于东部、西部2个和9个百分点。如湖南省实施文化强省战略，大力发展文化产业，打造马栏山创意聚集区，提升长沙"世界媒体之都"品牌影响力，文化、体育和娱乐业税收规模居全国第7位，增量居全国第4位，远高于其整体税收相关指标排名。

三是西部地区大数据基地和云计算中心发展崭露头角。良好的生态环境和低廉的能源价格为建设大数据基础设施提供了独特优势，西部地区后发赶超，逐步发展成我国的大数据基地和云计算中心。2016年，西部地区计算机、通信和其他电子设备制造业实现税收收入161亿元，占制造业税收收入的2.5%，较上年提高0.4个百分点；比上年增长18.4%，分别高于东部、中部20.1个和21.6个百分点。西部地区互联网和相关服务业税收收入5.2亿元，增长83.9%，分别高于东部、中部72个和70.1个百分点。如贵州省以发展大数据作为突破口推动经济社会发展，打造国家级大数据产业发展集聚区，互联网及相关服务业税收收入由上年的2200万元增至4600万元，增幅高达106.7%。

三、进一步发展"新经济"的建议

一是进一步加大"放管服"改革力度。深入推进简政放权、放管结合、优化服务改革，全面落实国务院关于深化行政审批制度改革的各项要求，充分发挥市场在资源配置中的决定性作用，为"新经济"发展创造宽松高效的体制机制环境。

二是着力推进大众创业、万众创新。持续推进"双创""众创""众筹""众扶"等新型创业模式，完善和落实支持科技创新、小微企业

发展的税收、金融等政策，充分利用互联网、大数据和云计算等新技术搭建大众创业、万众创新技术平台，为众创空间提供低成本、全方位和专业化服务，充分调动千万科技人员创新的智力活力，为"新经济"发展提供坚强支撑。

三是着力培育"新经济"增长点。以推进供给侧结构性改革为契机，进一步完善市场机制，促进要素自由流动，让大量社会资源涌入"新经济"领域；着力加强技术创新、业态创新、商业模式创新、平台载体创新和制度创新，加快实现经济发展模式从要素驱动、投资驱动向知识和创新驱动转型。

自贸区发展态势良好　先行先试孕育新动能

Free Trade Areas Keep Good Momentum with Pilot Programs Generating New Driving Forces

□ 国家税务总局收入规划核算司

2016年四大自由贸易试验区（以下简称自贸区）总体保持良好发展态势，实现税收收入4090.55亿元，剔除证券交易印花税因素，同比增长26.2%，高于全国同口径增速21.9个百分点，继续凸显着自贸区政策先行先试、构建开放型经济新体制所带来的巨大发展动力。

一、四大自贸区总体发展态势良好

（一）发展速度快于所属省市

上海自贸区剔除证券交易印花税因素，税收同比增长19.3%，快于上海市同口径税收增速7个百分点;在深圳前海蛇口片区的带动下，广东自贸区税收增长81.5%，快于广东省74.8个百分点;天津、福建自贸区税收分别增长31.5%和69.5%，比2016上半年分别提高2.6个和56.2个百分点，分别快于天津市、福建省税收增速29.3个和69.2个百分点。

（二）服务业结构优化明显好于全国

四大自贸区服务业税收占比近九成，高于全国平均水平31.4个百分点，其中金融、批零贸易、商务服务、航运服务等四大服务行业占区内税收比重分别为39.5%、14.4%、13.7%和3.3%，高于全国平均水平26.8个、1.6个、8.9个和3.1个百分点，体现了自贸区着力发展现代服务业战略定位的不

断推进。

（二）高端制造业引领作用显著

四大自贸区制造业税收同比增长33.2%，高于全国平均增速33.1个百分点。在当前全国制造业税收增长乏力的背景下，自贸区科技含量较高的高端装备制造业发展抢眼。其中，汽车制造，船舶、航空航天等运输设备制造，专用设备制造等三大行业同比分别增长44%、42.8%和15%，分别高于全国平均增速34个、48个和15.5个百分点。

二、三大因素推动自贸区加快发展

2016年四大自贸区发展不断提速，成绩斐然。税收数据显示，优化产业、创新驱动、扩大开放三大因素发挥了积极的助推作用。

（一）瞄准定位，持续优化产业结构

在自贸区总体战略布局中，核心发展行业为金融、对外贸易、商务服务、航运等现代服务业和高端制造业。上海自贸区凭借上海作为国际金融中心的优势，金融业税收占区内税收比重最高，达43.3%。天津自贸区通过保税区、直营免税店等模式发展商贸，批发和零售业占区内税收的17.6%。广东自贸区涵盖企业管理、法律、咨询、知识产权等内容的租赁和商务服务业发展较为活跃，该行业税收在区内税收比重最高，达23.6%。

几大自贸区均不同程度加快高端制造业发展。广东自贸区专用设备制造业税收增长1.9倍，通用设备制造业税收增长1.5倍，船舶、航空航天和其他运输设备制造业税收增长92%。天津自贸区

通用设备制造业税收增长41.8%，计算机、通信和其他电子设备制造业税收增长16.5%。上海自贸区船舶、航空航天和其他运输设备制造业税收增长61.3%，汽车制造业税收增长43.3%。

（二）转换动能，深入实施创新驱动

一是"互联网+"快速成长。自贸区以互联网和相关服务、软件和信息技术服务为代表的"互联网+"核心行业呈现快速发展的态势。2016年，这两个行业的税收同比分别增长65.8%、53.5%，高于全国平均增速49.3个和16.7个百分点。其中，广东自贸区借助深圳片区软件开发的优势，两行业税收同比分别增长4.7倍和3.9倍。作为互联网经济发达地区，上海自贸区两行业税收同比分别增长43.2%和33.5%。

二是特色金融成为增长亮点。自贸区鼓励和支持金融机构围绕实体经济需求开展金融产品和服务创新。2016年，金融信托、非金融机构支付、金融信息服务等其他金融业税收发展迅速，同比增长66.7%。其中，福建自贸区其他金融业税收增长最高，达1.4倍；广东自贸区大力发展特色金融，其他金融业税收增长82.1%；天津金融业在创新金融的带动下，其他金融业税收增长68.9%。

三是科技研究服务增势良好。自贸区深入鼓励科技创新。科学研究和技术服务业由于涉及研究和试验发展、专业技术服务、科技推广和应用等科研领域，得到快速发展。2016年该行业税收同比增长37%。其中，广东、天津、上海自贸区分别增长60.7%、35.9%和30.8%。

（三）拓展路径，全面扩大对外开放

自贸区通过开展制度创新，加快外资管理体制改革，优化营商环境等措施，已成为外资企业的重要集聚区。2016年，根据有关部门数据，四大自贸区实际吸收外资879.6亿元人民币，占全国的1/10。从税收看，区内港澳台和外商投资企业税收合计增长13.6%，高于全国平均增速10.2个百分点，合计占比为37%，高于全国平均水平18.7个百分点。其中，上海自贸区占比最高，为39.5%，天津自贸区为35.6%。

广东和福建自贸区外向型经济的力度有所加大。2016年，两区港澳台投资企业税收同比分别增长90.3%和100.4%，占比分别为11.4%和10.7%，比2016上半年分别提高2.2个和0.9个百分点，正加速实现广东自贸区与港澳、福建自贸区与台湾的协同发展。

以信息化为支撑 以风险管理为导向
推动征管体制改革的实践与思考

Practice and Reflection on Deepening the IT Supported and Risk-Management-Oriented Tax Administration Reform

□ 重庆市国家税务局局长 李 杰

作为征管体制改革综合改革试点单位，重庆市国税局顺势而为、积极探索，主动运用风险管理理念，结合市情局情，以信息化为支撑、以风险管理为导向推动征管体制改革，着力构建更加科学严密、运转高效的税收征管体系，为加快实现税收现代化凝聚智慧、贡献力量。

一、以信息化为支撑、风险管理为导向推动征管体制改革，是税收改革发展的大势所趋

在经济全球化和信息化深入发展的背景下，我国经济快速增长带来税源规模和总量持续扩大，纳税人户数呈井喷式增长，税源的复杂性、流动性、隐蔽性不断增强。尤其是全面推开营改增试点后，一方面国税管户量、业务量成倍增加，对有限征管资源造成巨大压力；另一方面，国税收入对地方财政支撑作用明显增强，在地方治理中的责任更重大、使命更光荣。同时，转变职能、简政放权改革推动税务审批权限持续下放，税务机关执法风险有增无减，传统重事前审批、轻后续管理的征管模式面临着资源有限、效率低下和能力不足"三大危机"。以信息化为支

撑、以风险管理为导向重构现有征管职能，推动事前事中管理向事后风控防控转变，是当前税收改革发展的大势所趋。

（一）这是创新税收征管思路，发挥职能作用、服务发展大局，助推国家治理体系和治理能力现代化的必然选择

税收作为国家财政收入主要来源和宏观调控重要手段，是国家治理的重要组成部分。税收职能作用能否有效发挥、能否深层次服务国家治理各领域、各层面，关键取决于税收征管体系是否科学严密、运转高效。以信息化为支撑、风险管理为导向推动征管体制改革，核心是依托现代信息技术，使税收征管摆脱保姆模式"人盯人"的桎梏方式和"盲人摸象"的低效状况，以后续风险监控为关键精准配置资源，带动整个征管职能的转变、模式的转换，使之转型成为"突出重点环节、高效配置资源、精准防控风险"的新模式，推动税收职能充分发挥，切实增强税收在国家治理中的基础性、保障性、支柱性作用。

（二）这是落实"放管服"改革，强化后续监管、防范涉税风险，全面提升纳税人遵从度的重要路径

当前，各级政府部门按照国务院关于"简政放权、放管结合、优化服务"的总体要求，深化行政体制改革，推动政府职能由管控向服务转变，更好地发挥市场在资源配置中的决定性作

用。简政放权绝不是一放了之，税务机关作为国家重要执法部门，一旦因责任缺位导致系统性涉税风险，同样要承担相应的法律后果。以信息化为支撑、风险管理为导向推动征管体制改革，核心就是要坚持管理服务"双轮驱动"，依托金税三期广泛应用各类智能化、信息化工具，深度挖掘海量涉税数据这座"富矿"，精准扫描打击各类风险，并实施分级分类的差异化管理，培育纳税人自主履行义务的主体精神，全面提高税收遵从度、降低税收流失率。

（三）这是适应营改增新税制，优化资源配置、释放征管效能，解决管理服务难点痛点问题的客观需要

当前正值新旧税制转型期，各项政策尚在完善、权力运行机制正在重构，征纳双方均处适应期，如何利用有限资源防范风险和双向减负，是当前一项紧迫任务。特别是高峰期纳税人候时长、跑腿多，前台人手紧、负担重，以及骗取出口退税、发票虚开代开等涉税违法高发频发，传统税收管理服务模式面临严峻挑战。以信息化为支撑、风险管理为导向推动征管体制改革，就是在金税三期工程、电子税务局等信息化建设中全面厘清征管职能，把登记、申报、购票、缴税等基础事项解决在前台、解决在线上，把风险评估和事后监控留给后台，推动前台以减负增效为要务，后台以风险防控为导向，实现核心征管"全面瘦身"，进而最大限度统筹配置资源，从根本上解决税收管理服务中的难点痛点问题。

二、以信息化为支撑、风险管理为导向重构税收征管模式和职能的重庆实践

重庆"直辖体制、省域面积、城乡区域差异大"的特殊市情，使得税务系统扁平化管理特征突出。由于缺乏地市州中间层级，市局要直接对口管理53个基层单位。同时，大城市带大农村、大库区的地理格局使得税源区域分布极不均衡，加之山道阻隔、交通不便，征管效能发挥受到限制。因此，在改革总体设计中，注重深度契合重庆特殊的市情局情，着力打造具有重庆国税特色的税收风险管理体系。

（一）重组机构职能，三级联动打造征管新格局

重庆市国税局以信息化为支撑、风险管理为导向推动征管体制改革的总体思路是：通过市局、区县局和全系统三级联动、渐次展开机构改革和模式转换，在全面厘清征管职能中对资源重组配置，着力构建以信息化为支撑、以风险防控为导向、以专业机构为依托、以分级分类为重点的"市局—基层"两级扁平化征管格局，最大限度增强征管精准性、提升税收遵从度、降低税收流失率。

在市局层面，对税收风险管理领导小组成员的部分职能与大企业管理处、北部新区局职能进行整合，成立兼具市局处室和区县局职能的风控中心，并将领导小组办公室从征科处转移到风控中心，提升风险管理和大企业管理层级。同时，以风控中心设立为契机，系统厘清市局业务处室之间、业务处室和风控中心之间、区县征管局和跨区稽查局之间的职能边界，构建职责清晰、互为支撑的税收风险管理格局。

在区县局层面，设立风险管理科，专司风险识别分析和应对任务分配。调整原有税务所管理职能，逐步推动税务所由"管户制"向"管事制"过渡，转变为风险应对和评估机构，让管理员从"人盯人"保姆式管理桎梏中解脱出来，集中力量从事税收风险管理。同时，依托电子税务局、全市通办等线上办税功能完善，逐步精简各区县实体办税厅数量、规模，将更多人力、物力资源投入税收风险管理之中。

在系统层面，继续完善跨区稽查模式，并逐步由主城向非主城区域扩展，大力加强风险管理导向下的稽查工作，依托风险扫描分析的成果，完善跨区稽查选案机制，实施重点税源户"轮查""抽查"制度，创建"项目管理、团队

作业"工作模式,最终与市局业务处室、风控中心、区县征管局形成"征、管、查、防"四位一

体的税收风险管理闭环,促进纳税人税收遵从度不断提升。

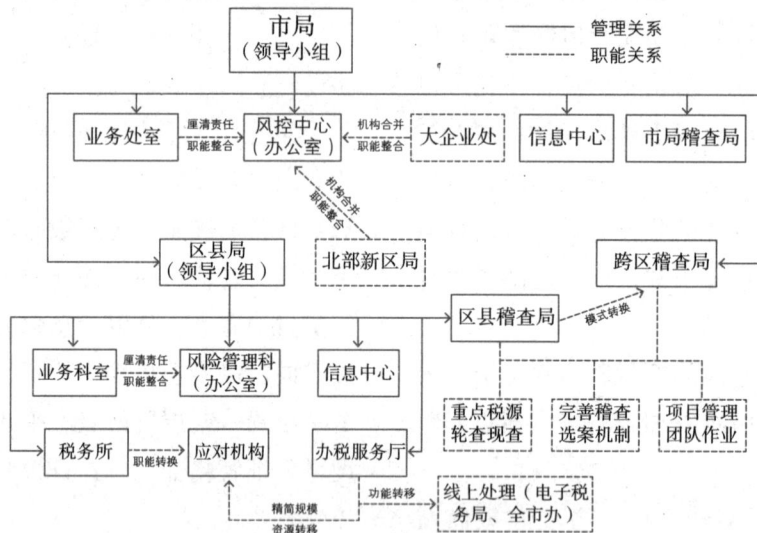

图1 征管体制改革的整体布局

(二)优化权力布局,横纵结合完善职能分配体系

针对直辖市管理层级扁平化的特点,在市局税收风险管理领导小组的组织框架下,调整整合了各成员单位风险管理职能,积极推动情报搜集、风险识别、风险推送向市局集中,风险应对向区县征管局和稽查局集中,并实施分级分类的专业化管理模式,推动管理、服务及人力资源实现最优配置。

在市局层面,从横向上对风险管理领导小组成员职能进行再配置,由相关业务处室将承接税务总局风险应对任务的职能转移到风控中心,在各自业务领域内对风控中心构建指标模型体系、风险预警特征库形成横向业务支撑;由征管科技处将风险管理日常工作职能划归风控中心统筹落实,从征管运转模式、业务流程方面对风控中心提供业务支持;信息中心则从风险管理的软硬件支撑、内外信息获取等方面为风控中心提供技术保障。从纵向上构建市局风控中心—区县征管局、稽查局(跨区稽查局)两级风险应对格局,由风控中心对口联系税务总局风险管理领导小组

办公室和大企业税务管理司,协调相关业务处室,承接税务总局分税种或分环节的风险应对任务,以及税务总局"千户集团"风险管理任务,组织开展区域性、行业性以及特定纳税人或者事项的风险分析,统筹向区县征管局、稽查局调度应对任务,并指导考核全系统风险管理工作。

在区县局层面,比照市局领导小组的横纵职能结构进行调整整合,由风险管理科承接市局风控中心下派任务,结合区域数据分析进一步确认风险等级排序,分别将不同等级风险纳税人按照分级分类要求推送到办税厅、税务所和区县稽查局(跨区稽查局),实施应对并及时反馈应对结果。在此基础上,逐步取消税务所"一对一"接触纳税人的"管户制",将管理员日常事务性职能分散转移到其他部门或线上处理,从而集中力量承接风险应对任务。区县稽查局(跨区稽查局)则承接由市局风控中心分配的应对任务(涉嫌违法)及对应辖区征管局推送的应对任务(涉嫌违法),对稽查选案形成有力补充,按照稽查程序实施应对并向市局风控中心、稽查局反馈结果,同时将征管完善建议反馈对应辖区征管局。

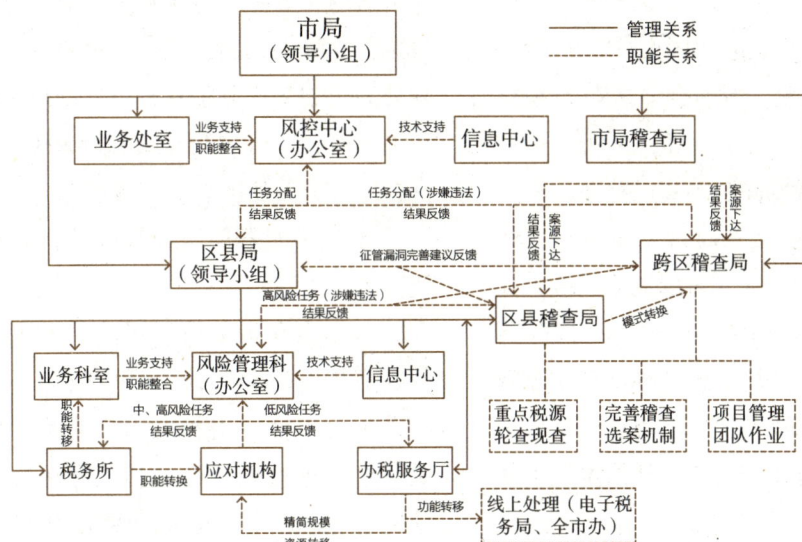

图2 风险管理职能分配体系及运转模式

通过风险管理职能横向整合和纵向分配，重庆市国税局初步构建了以风控中心、区县征管局、稽查局纵向职能运转为核心，以相关处室横向业务支撑为重要保障，横纵结合的风险管理职能体系，既通过集中整合风险管理职能，实现了风险识别、分析、应对的扎口管理，提升了风险管理运转效率；又充分发挥了相关处室专业优势，厘清了部门间的征管职责，形成了风险管理整体合力；更通过基层税务所管理职能调整，推动了征管权力制衡和规范运行，从而有效降低了执法廉政风险。

（三）构建"三大系统"，有序衔接驱动职能高效运转

根据改革的总体思路和风险管理职能分配模式，在具体职能运转机制上，依托金税三期工程优化版和"互联网+"、云计算等现代信息技术的应用，着力打造税收情报搜集、涉税数据分析和分级分类应对"三大系统"，推动情报搜集、风险扫描、等级排序和任务分配等各环节职能有序衔接、高效运转。

一是着力打造广泛强大的税收情报搜集系统，有效掌控海量涉税数据。充分发挥金税三期工程数据大集中的优势，依托"互联网+"自主开发税收数据综合应用平台和增值税发票管理电子底账

系统，进一步优化整合现有的不同类别、层次和功能的信息系统，对内利用防伪税控发票信息提取一般纳税人开票、能耗、运费、金额等数据；对外突破信息壁垒，依托跨系统、跨领域税收合作，多渠道共享地税、工商、银行、外贸、社保、电力等部门的第三方关键数据，初步建成涵盖涉税信息10亿余条的数据仓库，规范统一数据口径、持续提升数据质量，实现了对海量涉税数据的有效掌控。

二是着力打造功能完备的税收数据分析系统，架起风险扫描的"高精度瞄准镜"。依托税收数据综合应用平台、增值税发票管理电子底账系统等信息系统，对各行业经营收入、原料购销、配比能耗、相关费用等分散信息进行系统加工，深挖涉税数据的相关性和规律性，生成覆盖全行业、各领域的指标模型和风险预警特征库，并运用大数据分析机制，结合第三方信息分析比对，让海量数据"开口说话"，从登记管理、纳税申报、出口退税、经营发展等维度为纳税人精准"画像"，架起风险扫描的"高精度瞄准镜"，精准扫描涉税风险并实施风险等级排序，为区县征管局和稽查部门分级分类开展风险应对奠定了坚实基础。

三是着力打造精准高效的分级分类应对系统，最大化提升资源配置效率。根据税收风险排序

结果，以分级分类为导向集中抓好管理应对。在日常监管中，按纳税人规模采取不同方式。对大企业，提供精细化管理服务，帮助企业规范财税核算、健全风控体系；对中型税户，重点监控一般纳税人登记、发票使用、优惠减免等高风险事项；对小型税户，重点监控纳税义务履行。在应对方式上，按风险等级采取不同方式。对低风险纳税人，采取风险服务提醒、自我纠错等方式扼杀风险苗头；对一般风险纳税人，采取纳税辅导、日常监管等方式进行应对；对高风险和故意不遵从纳税人，集中开展纳税评估、实施稽查打击，从而实现了征管资源的高效配置和精准投放。

随着以信息化为支撑、风险管理为导向的税收征管体制改革深入推进，重庆市国税局税收征管整体效能在风险管理职能高效运转、税收资源精准配置中大幅提升。截至目前，市局风控中心通过分析识别风险纳税人11万户，推送5.4万户，采取应对措施5.2万户，移交稽查270户，新增入库税款合计95.4亿元，税收风险管理对强管促收的贡献率达到8.5%。

三、以信息化为支撑、风险管理为导向进一步深化征管体制改革的思考和建议

税收征管在税收职能发挥中处于核心地位。以信息化为支撑、风险管理为导向的征管体制改革是一项全局性、系统性、战略性工程，事关税收治理体系和治理能力现代化，既需要各地因地制宜积极探索，更需要在立法保障、机构职能、制度体系和信息化建设等方面进行整体规划和战略布局。

（一）加快税收征管立法，明晰征纳双方权利义务

目前，我国从立法层面还没有明晰征纳双方权责，税务机关承担着审批权限下放后监管不到位所带来的执法管理风险。一方面，有必要在新修订的《税收征管法》当中明确征纳双方权责，将行政审批权限下放后自主履行纳税义务和遵从税法的主体责任全面交还纳税人，为推动事前管理向事中事后风险防控转变的征管新模式提供有效的税收法制保障。另一方面，应从相关法律层面明确税收风险管理在征管中的核心地位并准确定义，把税收风险划分为税制和行业固有风险及遵从风险两大类，并明确风险管理以应对遵从风险为核心，以便适应审批权限下放后的征管新特点。

（二）加强顶层统筹设计，系统构建风险管理体系

以信息化为支撑、风险管理为导向的征管体制要想持续健全完善、释放效能，关键要依托信息技术的深度应用和机构职能的优化重组，需由税务总局进行顶层设计和统筹建设。建议在税务总局现有风险管理领导小组的体制架构下，统筹规划税务系统风险管理的机构设置、制度体系和信息化建设，单独设立风控中心对各业务领域的风险扫描、分析、推送等实行扎口管理，并定期出具分行业、分税种、分区域的税收风险分析报告，供税务总局领导参考决策、业务司局制定策略、省级以下税务机关具体运用。同时，在风险管理机构职能设置上赋予各省一定自主权，以便各地在承接好税务总局推送风险分析应对任务的同时，结合区域实际更好地开展风险管理工作。

（三）加速完善信用体系，持续健全信息共享机制

由于我国社会信息共享机制有待完善，税收风险管理缺乏高质量的数据支撑。同时，我国社会信用体系建设处于起步阶段，纳税人税收违法成本总体较低。下一步，应通过立法将纳税信用等级与公共福利享受、融资贷款等纳税人利益事项深度挂钩，为构建全社会联动信用体系奠定基础；同时，应从立法层面加快推进信息共享机制建设，为风险管理奠定坚实的大数据基础。横向上，可先依托金税三期首先实现全国范围内国地税信息共享，进而逐步扩展到其他职能部门；纵向上，应尽快建设税务总局、省局两级信息数据集中体制，由税务总局集中数据、统一标准，对各地提供共享服务，各地侧重于深度开展风险分析并向基层分级推送应对任务。

基层税务机关落实全面从严治党要求的几点思考

Reflections on the Implementation of the Requirements to Comprehensively Strengthen the Party Discipline by Tax Authorities at the Grass-Roots Level

□ 厦门市国家税务局局长　朱俊福

党的十八大以来，党中央深入推进全面从严治党。近期召开的党的十八届六中全会又审议通过关于新形势下党内政治生活的若干准则、中国共产党党内监督条例，进一步完善了全面从严治党的制度体系。作为党在经济管理战线的重要职能部门，税务部门构建全面从严治党新格局，从党的立场是深刻体现税务站位，从行业领域是集中彰显税务元素，从基层角度是深入打造税务样本，将为全面推进税收现代化，铸就税务铁军打下坚实根基、提供坚强保障。

一、要深刻理解全面从严治党的税务站位

税务部门构建全面从严治党新格局有三方面的重要意义。

（一）这是领会中央精神，具备鲜明时代意识的长远之计

党要管党、从严治党是党的优良传统。新的历史时期，党面临"四种考验"和"四种危险"，推进全面从严治党具有重要而深远的意义。税务系统着力构建全面从严治党新格局，突出体现了深刻领会中央精神，落实全面从严治党战略部署的政治意识、大局意识、核心意识、看齐意识，显示了持续加强党的领导、把党建作为最大政绩的工作要求。

（二）这是体现系统特色，具备厚重使命意识的务实之策

全国税务系统五级机构80万干部55万党员，处于经济管理及利益交汇第一线，线长面广、风险较多；同时当前经济下行压力较大，对税务系统落实全面从严治党，助力供给侧结构性改革提出了更高的要求。税务系统着力构建全面从严治党新格局，紧扣税务系统工作实际和自身特色，认真落实全面从严治党主体责任，以"纵合横通"格局推动全国税务系统落实好任务书、路线图，显示了厚重的使命担当、务实的工作风格。

（三）这是注重基层实践，具备强烈忧患意识的迫切之举

落实全面从严治党，是提升基层组织凝聚力和战斗力的必然要求，是实现税收现代化的政治保证。税务系统基层单位落实主体责任总体情况良好，但不同程度上也存在着责任不明、履责不佳、考责不严、追责不力等情况。税务系统着力构建全面从严治党新格局，针对当前基层实践中存在的薄弱环节和突出问题，指明管什么、治什么方向，突出怎么管、怎么治方法，确定管不好、治不好责任，着力推进上下联动、惩防并

举、标本兼治，显示了强烈的忧患意识、鲜明的问题导向。

二、要深度把握全面从严治党的税务元素

税务部门构建全面从严治党新格局，我们要把握四方面主要内容。

（一）要突出一条主线，持续深化税务部门党的领导

党的领导弱化是当前出现很多问题的根源所在。税务系统要牢牢抓住加强党的领导这条主线，深入体现在税收工作的各个领域、各个环节、各个层级。对于基层税务机关而言，要大力加强党的政治领导、思想领导和组织领导，从重大问题把握，从具体工作抓起，定期听取汇报，定期交流谈话，专题分析、研究和部署全面从严治党，着力突出各级党组在各级系统中总揽全局、协调各方的领导核心作用，提高各项工作科学化、制度化、规范化水平。

（二）要统筹两种关系，持续推动条块点面网状管理

税务系统实行垂直管理，但党的关系在地方管理，基层税务机关要按照"条主动、块为主，两结合、互为补，抓党建、带队伍"的思路，处理好条块互动的关系：既作为各自属地的行业一员，也作为税务行业的区域一角，紧紧依靠税务总局和地方党委，积极主动、统筹抓好全面从严治党工作。同时，还要正确处理点面结合的关系，充分发挥基层党组织和党员干部作用，善于运用先进典型这个点，激发党员干部多个面，带动系统上下整盘棋；同时也着力打造符合当地工作实际的税务文化，善于借助精神文化这个势，牵引税收工作各条线，形成向善向上大格局，构建"条块融合、点面交织、纵合横通"的网状化党建工作格局。

（三）要强化四项重点，持续促进主体责任落地生效

党的十八届六中全会要求，从严治党必须从党内政治生活严起，要把信任激励同严格监督结合起来。围绕落实主体责任，基层税务机关要从领导、用人、保障、管理4个方面入手，逐级明确各级领导班子、各个职能单位具体事项，进一步加强和规范党内政治生活，切实加强党内监督。领导责任上，要同党中央保持高度一致，突出把方向、管大局、保落实。用人责任上，要把正确选人用人导向作为组织保证，营造风清气正氛围。保障责任上，把党内监督和执纪问责作为重要举措，确保党规党纪有效执行。管理责任上，要把领导机关和领导干部作为工作重点，发挥示范带头作用，从而推动责任层层压实、教育时时点拨、防控事事用心、考评处处警醒、机制久久为功。

（四）要打通六组工作，持续加强重要职能互通融合

落实全面从严治党涵盖了党的思想建设、组织建设、作风建设、反腐倡廉建设和制度建设各个领域，涉及办公室、机关党办、监察室、巡视办、人事处、教育处、财务处、内审处等相关职能部门。破解各个部门职责分隔、促进相关功能融合，是提升工作实效的关键所在。基层税务机关要结合实际，在率先推动党建工作领导小组与党风廉政建设领导小组及其办公室大融合的基础上，通过制度设计、职务交叉、责任拓展、教育贯穿、督考合一等创新形式，着力打通党建与党风廉政建设工作、机关与系统党建工作、人事与机关党委工作、党建与监督管理工作、党建与教育培训工作、党建与绩效管理工作六组工作，形成领导有力、运转有序、管理有效的工作机制。

三、要深入打造全面从严治党的税务样本

作为基层税务机关，如何紧扣实际构建全面从严治党新格局，有五方面工作思考：

（一）着力打造紧密咬合责任链条，提升压力传导强度

知责明责、履责尽责、追责问责的责任链

条，是推进基层税务机关全面从严治党新格局建设的关键环节。近年来，厦门市国税局在全系统推行个性化责任清单做法，通过岗位职责清单化、廉政责任个性化、监督落实信息化的手段，实现全面从严治党主体责任层层压实、有效落实，得到省市两级纪委肯定。全系统根据不同岗位特点，量身定制责任清单，根据岗位责任查摆风险，制定具体工作措施。运转过程中，实施台账管理、网络管理、督办管理、制度管理、考评管理等五步清单管理法，提升压力传导、责任落实强度。自主开发研制责任监督落实信息平台，网上公开责任，接受监督评判，实现动态监控、自动提醒、亮灯警示，取得了良好成效。下一步，厦门市国税局将紧扣税务总局实施意见细化压实各层级主体责任要求，重点建立健全个性化责任清单配套管理制度，与绩效考核、评先评优、干部考核、选拔任用等有机衔接，抓好落实主体责任的牛鼻子，实现落实主体责任可检查、可考评、可运用。

（二）着力打造通达顺畅管理网络，提升协调推进广度

整合内部、联通外部、纵合横通的管理网络，是推进基层税务机关全面从严治党新格局建设的重要载体。对内，厦门市国税局进一步完善党建工作和党风廉政建设领导小组架构，市局机关党委、纪委以及办公室等均列席参加党组会；实行办公室、巡视办、绩效办、人事处、机关办、党建办，教育处、团委等部门领导交叉任职，明确"既管机关、又管系统"，强化用人导向、监督管理、教育引导、绩效考评等功能，做到"纵向抓到底、横向抓到边"。对外，厦门市国税局向市委、市政府报告重要工作，与市委组织部、市直党工委等单位沟通专题情况，与司法部门、驻厦部队、基层社区等开展党建活动，都做到了常态化、长效化；同时加大对基层党建，特别是对岛外四个区局党建工作的指导，开展联创共建，一起参加评议考核等，提升协调推进广

度。接下来厦门市国税局将按照"条主动、块为主；两结合、互为补；抓党建、带队伍"思路，持续创新、扎实推进，着力推动党建与税收两促进、双提高。

（三）着力打造兼容并蓄文化磁场，提升思想引领深度

点面结合、内外并修、形神兼备的文化磁场，是推进基层税务机关全面从严治党新格局建设的思想先导。近两年，厦门市国税局深入开展社会主义核心价值观大讨论，市局主要领导向全体党员干部发出倡议信，围绕"勤于学习、用心工作、奉献社会、快乐自己"十六字，通过精读推荐书目、组织系列学习、撰写学习心得、举办征文演讲、出版专辑刊物等形式，提炼厦门市国税局核心理念。通过引领式的思想教育，广大国税干部以忘我精神投身本职岗位，保持了先进性、纯洁性。全局奋勇攻坚，催生了以用心工作理念为内核的营改增、金税三期、征管体制改革等精神，涌现了一大批可敬可爱的先进分子和优秀人物；同时积极开展志愿服务、慈善公益、灾后重建等各项活动，打造并深化了厦门市国税局"蓝本"核心价值观品牌，受到广大国税干部欢迎，并由市领导批示在全市宣传推广。下一步，厦门市国税局将着力用好思想建党这个传家宝，以厦门国税核心价值观教育为先导，持续强化理论武装、党性教育、道德教育、警示教育等多种形式，进一步增强拒腐防变和抵御风险的能力。

（四）着力打造立体管用制度笼子，提升监督约束密度

系统周密、衔接配套、完备管用的制度笼子，是推进基层税务机关全面从严治党新格局建设的体系基础。厦门市国税局先后制定下发了党风廉政建设主体责任、监督责任实施办法和惩防体系工作方案等一方案两办法；每年年初根据实际工作情况和重点任务需要，制定反腐倡廉工作要点和工作分解方案，层层分解细化任务，为年度党风廉政建设工作把好方向。还下发了关于全

市国税系统构建全面从严治党新格局、加强基层税务机关党风廉政建设等文件，并根据税务总局巡视意见，制定、修订市局工作规则、规范离退休干部在企业兼职等制度办法36项，进一步扎紧制度笼子，提升监督约束密度。接下来，为进一步规范和加强全系统党内政治生活，厦门市国税局将坚持制度治党根本之道，在修订整理30万字《党建工作手册》基础上，紧扣上级精神和工作实际，进一步完善全面从严治党相关文件，着力为日常党建工作、组织生活、党风廉政建设等提供规范和指导。

（五）着力打造强大严实纪律热炉，提升执纪问责力度

预先警示、快办严处、贯穿一致的纪律热炉，是推进基层税务机关全面从严治党新格局建设的落实保障。厦门市国税局积极运用监督执纪"四种形态"，重点对"两权"运行、落实中央八项规定精神进行监督，发现问题抓早抓小、关口前移，切实使红脸出汗成为常态；同时对违反纪律规矩的行为严肃查处，绝不姑息，彰显党纪国法的严肃性，发挥惩戒和震慑作用。今年先后制定《纪律审查案件线索管理暂行办法》《谈话函询办理工作暂行办法》《一案双查 双责双究工作暂行办法》等文件；对8起重大涉税案件"一案双查"，给予党纪政纪处分3起3人；对牵及税务总局巡视反映具体问题的2个基层局党组、9名处级干部、3名科级干部，进行了书面检查、通报批评、诫勉谈话、纪律处分等处理。接下来，厦门市国税局将进一步贯彻中央和税务总局精神，把全面监督作为利器，把党内监督和法律监督、审计监督、群众监督、舆论监督等紧密结合起来；同时探索开展向基层局派驻纪检组长试点、创新工作机制提升执纪问责的能力水平等，持续释放强大有力的监督、警示、震慑效应。

公布一批全文废止和部分条款废止的税收规范性文件目录
Catalogue of Abolished and Partly Abolished Tax Circulars

2017年1月22日，国家税务总局制发了《国家税务总局关于公布一批全文废止和部分条款废止的税收规范性文件目录的公告》（国家税务总局公告2017年第1号，以下简称《公告》）。现将《公告》内容解读如下：

一、制定背景

按照国务院文件清理工作部署，以及《税收规范性文件制定管理办法》（国家税务总局令第20号公布，以下简称《管理办法》）相关规定，税务总局对税收规范性文件进行了清理，并于2016年5月29日发布了《国家税务总局关于公布全文失效废止和部分条款废止的税收规范性文件目录的公告》（国家税务总局公告2016年第34号）。在此基础上，税务总局持续开展税收规范性文件清理工作。

二、制定的必要性

税收规范性文件是税务机关行使权力、实施管理的重要依据，对纳税人等税务行政相对人的权利义务影响重大。开展税收规范性文件清理工作，有助于完善税法体系，规范税务机关行政执法，便于纳税人及时了解掌握税收政策和管理制度的变化情况。因此，税务总局在日常清理、集中清理基础上，持续开展文件清理工作，并按照《管理办法》的有关要求，对于在文件清理后续工作中发现的需进一步清理的税收规范性文件，以公告形式统一公布废止的文件目录及条款。

三、主要内容

本公告全文废止的税收规范性文件4件，部分条款废止的税收规范性文件1件。

政策链接

国家税务总局关于公布一批全文废止和部分条款废止的税收规范性文件目录的公告

国家税务总局公告2017年第1号

根据国务院办公厅关于做好部门规章和文件清理工作的有关要求，国家税务总局对税收规范性文件进行了清理。现将新一批《全文废止和部分条款废止的税收规范性文件目录》予以公布。

特此公告。

附件：全文废止和部分条款废止的税收规范性文件目录

国家税务总局

2017年1月22日

附件

全文废止和部分条款废止的税收规范性文件目录

序号	标题	发文日期	文号	备注
1	国家税务总局关于印发《税务稽查业务公开制度（试行）》的通知	2000年9月22日	国税发〔2000〕163号	全文废止
2	国家税务总局关于加强煤炭行业税收管理的通知	2005年9月26日	国税发〔2005〕153号	全文废止
3	国家税务总局关于进一步推行办税公开工作的意见	2006年12月5日	国税发〔2006〕172号	全文废止
4	国家税务总局关于贯彻落实扩大小型微利企业减半征收企业所得税范围有关问题的公告	2015年3月18日	国家税务总局公告2015年第17号	全文废止
5	国家税务总局关于企业为股东个人购买汽车征收个人所得税的批复	2005年4月22日	国税函〔2005〕364号	废止第二条

明确落实资源税改革优惠政策若干事项

Clarifications on the Application of the Preferential Policies of the Resource Tax

2017年1月24日，国家税务总局、国土资源部联合制发了《国家税务总局　国土资源部关于落实资源税改革优惠政策若干事项的公告》（国家税务总局　国土资源部公告2017年第2号，以下简称《公告》），明确落实资源税改革优惠政策的若干事项。现将《公告》内容解读如下：

一、《公告》出台的背景和意义

资源税全面改革自2016年7月1日实施以来，整体运行平稳，征管有序。各地认真落实《财政部　国家税务总局关于资源税改革具体政策问题的通知》（财税〔2016〕54号）规定的税收优惠政策，依法为符合条件的企业办理减税，受到矿山企业的欢迎。同时，有关优惠政策执行中也反映出一些问题，主要是减税条件较难把握，办理

程序操作性不强等。

鉴于对符合条件的衰竭期矿山、充填开采两个减税项目的认定技术性、专业性较强，为更好服务纳税人，避免纳税争议和执法风险，需要国土资源部门在专业、技术等层面予以支持和协助。为此，国家税务总局与国土资源部在对矿山企业联合调研和广泛征求有关方面意见的基础上，共同制定了《公告》。

二、《公告》的主要内容

（一）明确符合条件的充填开采和衰竭期矿山减税属于备案类减免。按照《税收减免管理办法》的规定，纳税人在首次享受减税的申报阶段，附送相关材料进行备案即可享受减免。在符合减免税资质条件期间，备案材料只需一次性报

备，在政策存续期可一直享受；纳税人享受减免税的情形发生变化时，应当及时向税务机关报告。这样可以有效减轻纳税人负担，方便税收征管。

（二）明确资源税改革有关优惠项目不得叠加适用。纳税人同一应税产品销售业务涉及两项及以上资源税备案类减免税政策的，纳税人只能选择其中一项执行。

（三）明确充填开采的条件。参照煤矿充填开采的定义，对其他矿山充填开采方式进行了明确界定。考虑到在"三下"采矿必须经国土资源部门批准，对安全和环保要求更高，应当采用更为严格的充填开采方式。《公告》进一步明确了充填开采"三下"矿产资源的减税条件，即：采用先进适用的胶结或膏体等充填方式；对采空区实行全覆盖充填；对地下含水层和地表生态进行必要的保护。

（四）明确充填开采的矿产资源销售额或销售量的计算方法。考虑到纳税人通过充填开采方式开采的既有"三下"压覆的矿产资源，也可能有非"三下"压覆的矿产资源，要求纳税人在每月申报时准确区分，客观上存在难度。因此，《公告》明确纳税人每月充填开采矿产的减税销售额或销售量可按纳税人"三下"压覆的矿产储量占全部储量的比例进行计算和申报，以减少征纳双方的工作量，提高政策可操作性。

（五）明确衰竭期矿山的判定方法。鉴于许多矿山开采历史较长，历经多次扩能改造、资源整合或兼并重组等，原设计可采储量可能无法查找，《公告》明确在此情形下以剩余服务年限为准。剩余服务年限的计算方法，可参照煤炭资源税的做法确定。

同时，明确以单个矿山为单位确定衰竭期矿山。考虑到一家采矿企业可能拥有多个自然矿山，如以企业为单位合并计算，难以准确反映每个自然矿山衰竭程度，不符合设计衰竭期矿山减税政策的初衷。因此，《公告》明确规定，衰竭期矿山以采矿企业下属的单个矿山为单位确定。

（六）加强减税后续动态管理。《公告》规定，纳税人在初次申报减税项目时，应当将有关资料向主管税务机关备案。主管税务机关受理纳税人减税备案后，应当将备案名单公示，并根据后续管理工作需要，可提请国土资源主管部门提供相关信息，以便对有关纳税人备案的信息进行比对和核实；国土资源主管部门予以协助支持。通过核实发现有申报不实、不符合减税条件的将取消其优惠资格，并责令纳税人补税和加征滞纳金。这样既可减轻减税项目的核实工作量，也可防范虚报减税项目。

三、关于《公告》的执行日期

《公告》自公布之日起施行。自《公告》实施之日起，有关税收优惠政策的备案应当按照《公告》规定条件、程序办理。需要说明的是，资源税全面改革规定的有关优惠政策仍自2016年7月1日起施行，纳税人在《公告》生效前尚未办理减免税备案的，应当按本《公告》有关规定办理相关减免税备案事宜。

政策链接

国家税务总局　国土资源部
关于落实资源税改革优惠政策若干事项的公告

国家税务总局　国土资源部公告2017年第2号

为落实《财政部　国家税务总局关于全面推进资源税改革的通知》（财税〔2016〕53号）、《财政部　国家税务总局关于资源税改革具体政策问题的通知》（财税〔2016〕54号）规定的资源税优惠政策，现将有关申报、审核等征管事项公告如下：

一、对符合条件的充填开采和衰竭期矿山减征资源税，实行备案管理制度。

二、对依法在建筑物下、铁路下、水体下（以下简称"三下"）通过充填开采方式采出的矿产资源，资源税减征50%。"三下"的具体范围由省税务机关商同级国土资源主管部门确定。

充填开采是指随着回采工作面的推进，向采空区或离层带等空间充填废石、尾矿、废渣、建筑废料以及专用充填合格材料等采出矿产品的开采方法。

减征资源税的充填开采，应当同时满足以下三个条件：一是采用先进适用的胶结或膏体等充填方式；二是对采空区实行全覆盖充填；三是对地下含水层和地表生态进行必要的保护。

三、对实际开采年限在15年（含）以上的衰竭期矿山开采的矿产资源，资源税减征30%。

衰竭期矿山是指剩余可采储量下降到原设计可采储量的20%（含）以下或剩余服务年限不超过5年的矿山。原设计可采储量不明确的，衰竭期以剩余服务年限为准。衰竭期矿山以开采企业下属的单个矿山为单位确定。

四、纳税人初次申报减税，应当区分充填开采减税和衰竭期矿山减税，向主管税务机关备案以下资料：

（一）充填开采减税

1.纳税人减免税备案登记表；

2.资源税减免备案说明（包括矿区概况、开采方式、开采"三下"矿产的批件、"三下"压覆的矿产储量及其占全部储量的比例等）；

3.采矿许可证复印件；

4.矿产资源开发利用方案相关内容复印件；

5.井上井下工程对照图；

6.主管税务机关要求备案的其他资料。

（二）衰竭期矿山减税

1.纳税人减免税备案登记表；

2.资源税减免备案说明（包括矿区概况、开采年限、剩余可采储量或剩余服务年限等）；

3.采矿许可证复印件；

4.经国土资源主管部门备案的《矿产资源储量核实报告》评审意见书及相关备案证明；

5.主管税务机关要求备案的其他资料。

五、纳税人备案资料齐全、符合法定形式的，主管税务机关应当受理；备案资料不齐全或不符合法定形式的，主管税务机关应当当场一次性书面告知纳税人。主管税务机关应当将享受资源税减税的纳税人名单向社会公示，公示内容包括享受减税的企业名称、减税项目等。

六、为做好减免税备案的后续管理工作，主管税务机关与国土资源主管部门要建立相应的协作机制。根据工作需要，主管税务机关可请国土资源主管部门提供相关信息，国土资源主管部门予以协助支持。

主管税务机关对相关信息进行比对，发现企业备案的有关储量、开采方式等信息有疑点的，可通过咨询国土资源主管部门进行核实。

七、经主管税务机关核实后，对于不符合资源税减税条件的纳税人，主管税务机关应当责令其停止享受减税优惠；已享受减税优惠的，由主管税务机关责令纳税人补缴已减征的资源税税款并加收滞纳金；提供虚假资料的，按照《中华人民共和国税收征收管理法》及其实施细则有关规定予以处理。

八、享受衰竭期矿山减税政策的纳税人，矿产资源可采储量增加的，纳税人应当在纳税申报时向主管税务机关报告；不再符合衰竭期矿山减税条件的，应当依法履行纳税义务；未依法纳税的，主管税务机关应当予以追缴。

九、纳税人应当单独核算不同减税项目的销售额或销售量，未单独核算的，不享受减税优惠。

纳税人每月充填开采采出矿产资源的减税销售额或销售量，按其"三下"压覆的矿产储量占全部储量的比例进行计算和申报。

十、纳税人开采销售的应税矿产资源（同一笔销售业务）同时符合两项（含）以上资源税备案类减免税政策的，纳税人可选择享受其中一项优惠政策，不得叠加适用。

十一、本公告不适用于原油、天然气、煤炭、稀土、钨、钼，上述资源税税目的有关优惠政策仍按原文件执行。

十二、省级人民政府确定的资源税减免税项目可参照本办法执行。

十三、各省、自治区、直辖市地方税务局会同省国土资源部门根据本公告制定具体实施办法。

十四、本公告自发布之日起施行。2016年7月1日至本公告施行日之间发生的尚未办理资源税减免备案的减免税事项，应当按本公告有关规定办理相关减免税事宜。

特此公告。

国家税务总局　国土资源部
2017年1月24日

加强海关进口增值税抵扣管理

Strengthening the Administration of VAT Deductions on Imports

2017年2月13日，国家税务总局印发《国家税务总局关于加强海关进口增值税抵扣管理的公告》（国家税务总局公告2017年第3号，以下简称《公告》），现解读如下：

一、发布本《公告》的背景是什么？

近年来，不法分子利用非法获取的海关进口增值税专用缴款书骗抵增值税的案件屡屡发生，严重危害了进口增值税征管秩序。为保护纳税人合法权益，进一步加强增值税管理，打击利用海关缴款书骗抵税款犯罪活动，税务总局决定全面提升海关缴款书稽核比对级别，强化对海关进口增值税的抵扣管理。

二、《公告》适用的范围是什么？

进口货物并取得属于增值税扣税范围海关缴款书的增值税一般纳税人适用此《公告》。

三、纳税人进口增值税允许抵扣的条件？

纳税人在取得海关缴款书后按照有关规定提交海关缴款书相关信息申请稽核比对。税务机关将纳税人提交的信息与海关传输的信息进行稽核，比对相符后其增值税额方能作为进项税额在销项税额中抵扣，逾期未提交的进项税额不予抵扣。

四、税务机关应当做好哪些工作？

税务机关应密切关注稽核比对结果为重号的情况，采取有效措施进行快速筛查处理，维护海关进口增值税抵扣管理的正常秩序，同时对此项工作的重要意义进行广泛宣传，赢得纳税人的理解和支持。

政策链接

国家税务总局关于加强海关进口增值税抵扣管理的公告

国家税务总局公告2017年第3号

为保护纳税人合法权益,进一步加强增值税管理,打击利用海关进口增值税专用缴款书(以下简称海关缴款书)骗抵税款犯罪活动,税务总局决定全面提升海关缴款书稽核比对级别,强化对海关进口增值税的抵扣管理。现将有关事项公告如下:

增值税一般纳税人进口货物时应准确填报企业名称,确保海关缴款书上的企业名称与税务登记的企业名称一致。税务机关将进口货物取得的属于增值税抵扣范围的海关缴款书信息与海关采集的缴款信息进行稽核比对。经稽核比对相符后,海关缴款书上注明的增值税额可作为进项税额在销项税额中抵扣。稽核比对不相符,所列税额暂不得抵扣,待核查确认海关缴款书票面信息与纳税人实际进口业务一致后,海关缴款书上注明的增值税额可作为进项税额在销项税额中抵扣。

税务部门应加强对纳税人的辅导,充分利用多种渠道向全社会广泛宣传,赢得纳税人的理解和支持。

本公告自发布之日起实施。

特此公告。

国家税务总局

2017年2月13日

明确开展鉴证咨询业增值税小规模纳税人自开增值税专用发票试点工作有关事项

Clarifications on the Pilot Program for Small-Scale Taxpayers Engaged in the Authentication and Consultation Industry to Issue Special VAT Invoices

2017年2月22日，国家税务总局印发了《国家税务总局关于开展鉴证咨询业增值税小规模纳税人自开增值税专用发票试点工作有关事项的公告》（国家税务总局公告2017年第4号，以下简称《公告》），现解读如下：

一、发布本《公告》的背景是什么？

为保障全面推开营改增试点工作顺利实施，税务总局自2016年8月1日起在91个城市开展了住宿业增值税小规模纳税人自开增值税专用发票（以下简称专用发票）试点工作，自2016年11月起试点范围扩大至全国。目前试点情况平稳顺利，取得了良好效果。为进一步方便纳税人发票使用，税务总局决定，将鉴证咨询业增值税小规模纳税人纳入自行开具专用发票试点范围。

二、《公告》的主要内容是什么？

自2017年3月1日起，全国范围内月销售额超过3万元（或季销售额超过9万元）鉴证咨询业增值税小规模纳税人（以下简称试点纳税人）可自行开具专用发票。

试点纳税人提供认证服务、鉴证服务、咨询服务、销售货物或发生其他增值税应税行为，需要开具专用发票的，可以通过增值税发票管理新系统自行开具，主管国税机关不再为其代开。

试点纳税人销售其取得的不动产，需要开具专用发票的，仍须向地税机关申请代开。

试点纳税人所开具的专用发票应缴纳的税款，应在规定的纳税申报期内，向主管税务机关申报纳税。在填写增值税纳税申报表时，应将当期开具专用发票的销售额，按照3%和5%的征收率，分别填写在《增值税纳税申报表》（小规模纳税人适用）第2栏和第5栏"税务机关代开的增值税专用发票不含税销售额"的"本期数"相应栏次中。

政策链接

国家税务总局关于开展鉴证咨询业增值税小规模纳税人自开增值税专用发票试点工作有关事项的公告

国家税务总局公告2017年第4号

为保障全面推开营改增试点工作顺利实施，方便纳税人发票使用，税务总局决定，将鉴证咨询业纳入增值税小规模纳税人自行开具增值税专用发票（以下简称专用发票）试点范围。现将有关事项公告如下：

一、试点内容

（一）全国范围内月销售额超过3万元（或季销售额超过9万元）的鉴证咨询业增值税小规模纳税人（以下简称试点纳税人）提供认证服务、鉴证服务、咨询服务、销售货物或发生其他增值税应税行为，需要开具专用发票的，可以通过增值税发票管理新系统自行开具，主管国税机关不再为其代开。

试点纳税人销售其取得的不动产，需要开具专用发票的，仍须向地税机关申请代开。

（二）试点纳税人所开具的专用发票应缴纳的税款，应在规定的纳税申报期内，向主管税务机关申报纳税。在填写增值税纳税申报表时，应将当期开具专用发票的销售额，按照3%和5%的征收率，分别填写在《增值税纳税申报表》（小规模纳税人适用）第2栏和第5栏"税务机关代开的增值税专用发票不含税销售额"的"本期数"相应栏次中。

二、有关要求

（一）主管税务机关要加强对试点纳税人的培训辅导，保障纳税人正确开具专用发票，同时要强化风险防控，加强数据分析比对，认真总结试点经验。

（二）试点纳税人应严格按照专用发票管理有关规定领用、保管、开具专用发票。

本公告自 2017 年 3 月 1 日起施行。

特此公告。

国家税务总局

2017 年 2 月 22 日

发布《研发机构采购国产设备增值税退税管理办法》

Administration Measures on VAT Refund for R&D Facilities to Purchase Domestic Equipment

2017年3月20日，国家税务总局印发了《国家税务总局关于发布〈研发机构采购国产设备增值税退税管理办法〉的公告》（国家税务总局公告2017年第5号，以下简称《公告》），现解读如下：

一、《公告》出台的背景

根据《财政部　商务部　国家税务总局关于继续执行研发机构采购设备增值税政策的通知》（财税〔2016〕121号）规定，税务总局制定了《研发机构采购国产设备增值税退税管理办法》（以下简称《办法》）。

二、《办法》的主要内容

《办法》是在国家税务总局2011年制定的《研发机构采购国产设备退税管理办法》（国家税务总局公告2011年第73号，此文已过有效期）的基础上，进行了修改完善。主要有以下变化：

（一）依据现行出口退税管理规定，将原研发机构采购国产设备退税认定、变更、注销内容修改为备案、变更、撤回；增加了延期申报申请的办理及核准内容。

（二）增加了对外资研发中心因自身条件变化不再符合退税资格的认定条件，停止享受采购国产设备退税政策，并应及时办理撤回退税备案等内容。

（三）研发机构采购退税的国产设备，自增值税发票开具之日起3年内，设备所有权转移或移作他用的，研发机构须向主管国税机关按规定计算补缴已退税款。

政策链接

国家税务总局关于发布
《研发机构采购国产设备增值税退税管理办法》的公告

国家税务总局公告2017年第5号

根据《财政部　商务部　国家税务总局关于继续执行研发机构采购设备增值税政策的通知》（财税〔2016〕121号）规定，经商财政部，国家税务总局制定了《研发机构采购国产设备增值税退税管理办法》，现予以发布，自2016年1月1日至2018年12月31日施行。《国家税务总局关于印发〈研发机构采购国产设备退税管理办法〉

的公告》（国家税务总局公告 2011 年第 73 号）到期停止执行。

特此公告。

附件：1.出口退（免）税备案表（编者略）

2.购进自用货物退税申报表（编者略）

国家税务总局

2017 年 3 月 14 日

研发机构采购国产设备增值税退税管理办法

第一条 为规范研发机构采购国产设备退税管理，根据《财政部 商务部 国家税务总局关于继续执行研发机构采购设备增值税政策的通知》（财税〔2016〕121 号）规定，制定本办法。

第二条 适用退税政策的研发机构（包括内资研发机构和外资研发中心，以下简称研发机构）采购的国产设备，按本办法实行全额退还增值税。

第三条 本办法第二条所称研发机构、采购的国产设备的范围，按财税〔2016〕121 号文件规定执行。

第四条 主管研发机构退税的国家税务局（以下简称主管国税机关）负责办理研发机构采购国产设备退税的备案、审核及后续管理工作。

第五条 研发机构享受采购国产设备退税政策，应于首次申报退税时，持以下资料向主管国税机关办理采购国产设备的退税备案手续：

（一）符合财税〔2016〕121 号文件第一条、第二条规定的研发机构的证明资料；

（二）内容填写真实、完整的《出口退（免）税备案表》（附件1），其中"退税开户银行账号"须从税务登记的银行账号中选择一个填报；

（三）主管国税机关要求提供的其他资料。

本办法下发前已办理采购国产设备退税备案的，无需再办理采购国产设备的退税备案。

第六条 研发机构采购国产设备退税备案资料齐全，《出口退（免）税备案表》填写内容符合要求，签字、印章完整的，主管国税机关应当予以备案；备案资料或填写内容不符合上述要求的，主管国税机关应一次性告知研发机构，待其补正后再予备案。

第七条 已备案研发机构的《出口退（免）税备案表》中的内容发生变更的，须自变更之日起 30 日内，持相关证件、资料向主管国税机关办理变更内容的备案。

第八条 研发机构发生解散、破产、撤销以及其他依法应终止采购国产设备退税事项的，应持相关证件、资料向其主管国税机关办理撤回采购国产设备退税备案。主管国税机关应按规定为该研发机构结清退税款后，再予办理撤回采购国产设备退税备案。

外资研发中心在其退税资格复审前，因自身条件发生变化不再符合财税〔2016〕121 号文件第二条规定条件的，自条件变化之日起，停止享受采购国产设备退税政策。上述外资研发中心应自条件变化之日起 30 日内办理撤回退税备案。未按时办理撤回退税备案并继续享受采购国产设备退税政策的，按本办法第十七条规定执行。

研发机构办理注销税务登记的，应先向主管国税机关办理撤回退税备案。

第九条 研发机构采购国产设备退税的申报期限，为采购国产设备之日（以发票开具日期为准）次月 1 日起至次年 4 月 30 日前的各增值税纳税申报期。逾期申报的，主管国税机关不再受理研发机构采购国产设备退税申报。

2016 年研发机构采购国产设备退税申报期限延长至 2017 年 6 月 30 日前的增值税纳税申报期。

第十条　已备案的研发机构应在退税申报期内，凭下列资料向主管国税机关办理采购国产设备退税：

（一）《购进自用货物退税申报表》（附件2）；

（二）采购国产设备合同；

（三）增值税专用发票，或者开具时间为2016年1月1日至本办法发布之日前的增值税普通发票；

（四）主管国税机关要求提供的其他资料。

上述增值税专用发票，为认证通过或通过增值税发票选择确认平台选择确认的增值税专用发票。

第十一条　研发机构发生的真实采购国产设备业务，因《国家税务总局关于〈出口货物劳务增值税和消费税管理办法〉有关问题的公告》（国家税务总局公告2013年第12号）第二条第（十八）项规定的有关情形，无法在规定的退税申报期限内收齐单证的，可在退税申报期限截止之日前，向主管国税机关提出延期申请，并提供相关证明材料。经主管国税机关核准后，可延期申报。

第十二条　属于增值税一般纳税人的研发机构申报的采购国产设备退税，主管国税机关经审核符合规定的，应受理申报并审核办理退税手续。

研发机构申报的采购国产设备退税，属于下列情形之一的，主管国税机关应发函调查，在确认增值税发票真实、发票所列设备已按规定申报纳税后，方可办理退税：

（一）审核中发现疑点，经核实后仍不能排除的；

（二）一般纳税人申报退税时使用增值税普通发票的；

（三）非增值税一般纳税人申报退税的。

第十三条　研发机构采购国产设备的应退税额，为增值税发票（包括增值税专用发票、增值税普通发票，下同）上注明的税额。

第十四条　研发机构采购国产设备取得的增值税专用发票，已申报进项税额抵扣的，不得申报退税；已申报退税的，不得申报进项税额抵扣。

第十五条　主管国税机关应建立研发机构采购国产设备退税情况台账，记录国产设备的型号、发票开具时间、价格、已退税额等情况。

第十六条　研发机构已退税的国产设备，自增值税发票开具之日起3年内，设备所有权转移或移作他用的，研发机构须按照下列计算公式，向主管国税机关补缴已退税款。

应补税款＝增值税发票上注明的金额×（设备折余价值÷设备原值）×增值税适用税率

设备折余价值＝设备原值－累计已提折旧

设备原值和已提折旧按照企业所得税法的有关规定计算。

第十七条　研发机构以假冒采购国产设备退税资格、既申报抵扣又申报退税、虚构采购国产设备业务、提供虚假退税申报资料等手段骗取采购国产设备退税款的，主管国税机关应追回已退增值税税款，并依照税收征管法的有关规定处理。

第十八条　本办法未明确的其他退税管理事项，比照出口退税有关规定执行。

第十九条　本办法施行期限为2016年1月1日至2018年12月31日，以增值税发票开具日期为准。

发布《特别纳税调查调整及相互协商程序管理办法》

Administration Measures on Special Tax Adjustment and Mutual Agreement Procedure

为进一步完善特别纳税调查调整及相互协商程序相关工作，国家税务总局借鉴税基侵蚀和利润转移（BEPS）行动计划成果，发布了《特别纳税调查调整及相互协商程序管理办法》（以下简称《办法》），现将《办法》解读如下：

一、《办法》发布的背景和主要意义是什么？

《办法》是落实二十国集团（G20）税改成果的一项重要内容，充分体现了G20杭州峰会共识，即实施增长友好型的税收政策，促进需求与经济增长。特别纳税调查调整是国际税收领域的重要工作，其重要原则是尊重国际税收规则，其目的是维护国家税收权益，营造公平国际税收秩序，促进跨国投资贸易活动的顺利开展。相互协商程序为解决税务争议、消除国际双重征税提供重要途径，是国际税收合作的重要体现。《办法》考虑了当前国际税收新形势，根据G20倡导的"利润在经济活动发生地和价值创造地征税"总原则，紧密结合我国实际情况，对《特别纳税调整实施办法（试行）》中调查调整、相互协商等内容进行了修订和完善。

二、《办法》关于特别纳税调查调整的规定与原文件相比主要变化是什么？

《办法》吸收G20国际税改的最新成果，结合我国税收实践，对特别纳税调查调整作出进一步完善，具体包括：

（一）进一步规范明确了特别纳税调查调整程序。

（二）增加了无形资产、劳务关联交易的相关规定。

对于无形资产交易，强调无形资产的收益分配应当与关联交易各方对无形资产价值的贡献程度相匹配。

对于关联劳务交易，明确符合独立交易原则的关联劳务交易应当是受益性劳务交易，并且按照非关联方在相同或者类似情形下的营业常规和公平成交价格进行定价。明确受益性劳务内容，对非受益性劳务的具体情形进行说明。

（三）对特别纳税调查中的重要事项予以明确。如税务机关分析评估被调查企业关联交易时，应当选择功能相对简单的一方作为被测试对象；税务机关在进行可比性分析时，优先使用公开信息，也可以使用非公开信息；税务机关应当按照可比利润水平或者可比价格对被调查企业各年度关联交易进行逐年测试调整等。

总体来看，《办法》对特别纳税调查调整的规定更加清晰透明，内容更加全面，符合新的国际税收形势。

三、已经申请预约定价安排的企业是否会被特别纳税调查？

《办法》规定经预备会谈与税务机关达成一致意见，已向税务机关提交《预约定价安排谈签意向书》，并申请预约定价安排追溯适用以前年度的企业，或者已向税务机关提交《预约定价安排续签申请书》的企业，可以暂不作为特别纳税调整的调查对象。但同时明确预约定价安排未涉及的年度和关联交易除外，也就是说如果预约定价安排未涉及的关联交易存在特别纳税调整问题，依然会被特别纳税调查调整。

四、单一功能亏损企业是否需要准备同期资料？

《办法》延续《国家税务总局关于强化跨境关联交易监控和调查的通知》（国税函〔2009〕363号）的文件精神，规定企业为境外关联方从事来料加工或者进料加工等单一生产业务，或者从事分销、合约研发业务，原则上应当保持合理的利润水平。上述企业如出现亏损，无论是否达到《国家税务总局关于完善关联申报和同期资料管理有关事项的公告》（国家税务总局公告2016年第42号）中的同期资料准备标准，均应就亏损年度准备同期资料本地文档。税务机关应当重点审核上述企业的本地文档，加强监控管理。

五、什么情况下，税务机关可以按照已税前扣除的金额全额实施特别纳税调整？

《办法》明确以下情形，如果不符合独立交易原则，税务机关可以按照已税前扣除的金额全额实施特别纳税调整：

（一）企业与其关联方转让或者受让不能带来经济利益的无形资产使用权而收取或者支付的特许权使用费。

（二）企业向仅拥有无形资产所有权而未对其价值创造做出贡献的关联方支付的特许权使用费。

（三）企业以融资上市为主要目的在境外成立控股公司或者融资公司，仅因融资上市活动所产生的附带利益向境外关联方支付的特许权使用费。

（四）企业向其关联方支付非受益性劳务的价款。

（五）企业向未执行功能、承担风险，无实质性经营活动的境外关联方支付的费用。

六、对于实际税负相同的境内关联方之间的交易，是否可以进行特别纳税调整？

《办法》规定实际税负相同的境内关联方之间的交易，只要该交易没有直接或者间接导致国家总体税收收入的减少，原则上不作特别纳税调整。但如果境内关联方之间的交易直接或者间接导致应税利润从我国境内转移到境外的，税务机关有权对其进行特别纳税调整。

七、《办法》规定的相互协商程序适用于哪些情形？

《办法》规定的相互协商程序既适用于税收协定缔约一方实施特别纳税调查调整引起另一方相应调整的协商谈判，也适用于双边或者多边预约定价安排的谈签。《办法》规定的相互协商程序不适用于涉及税收协定条款解释或者执行的相互协商程序。

涉及双边或者多边预约定价安排的谈签，还应符合《国家税务总局关于完善预约定价安排管理有关事项的公告》（国家税务总局公告2016年第64号）的相关规定。

八、《办法》落实G20国际税改成果，在相互协商方面体现哪些变化？

《办法》落实BEPS第14项行动计划争端解决机制的要求，进一步规范了我国特别纳税调整事项相关的相互协商工作流程，推动相互协商案件的及时处理，积极为纳税人避免或者消除国际重复征税。

《办法》对三个重要时间节点做了明确要求。一是启动时点。国家税务总局决定启动相互协商程序的，应当书面通知省税务机关，并告知税收协定缔约对方税务主管当局。负责特别纳税调整事项的主管税务机关应当在收到书面通知后15个工作日内，向企业送达启动相互协商程序的

《税务事项通知书》。二是暂停或者终止时点。国家税务总局决定暂停或者终止相互协商程序的，应当书面通知省税务机关。负责特别纳税调整事项的主管税务机关应当在收到书面通知后15个工作日内，向企业送达暂停或者终止相互协商程序的《税务事项通知书》。三是执行时点。国家税务总局与税收协定缔约对方税务主管当局签署相互协商协议后，应当书面通知省税务机关，附送相互协商协议。负责特别纳税调整事项的主管税务机关应当在收到书面通知后15个工作日内，向企业送达《税务事项通知书》，附送相互协商协议，并做好执行工作。

政策链接1

国家税务总局关于发布
《特别纳税调查调整及相互协商程序管理办法》的公告

国家税务总局公告2017年第6号

　　为深入贯彻落实《深化国税、地税征管体制改革方案》，进一步完善特别纳税调查调整及相互协商程序管理工作，积极应用税基侵蚀和利润转移（BEPS）行动计划成果，有效执行我国对外签署的避免双重征税协定、协议或者安排，根据《中华人民共和国企业所得税法》及其实施条例、《中华人民共和国税收征收管理法》及其实施细则的有关规定，国家税务总局制定了《特别纳税调查调整及相互协商程序管理办法》，现予以发布，自2017年5月1日起施行。

　　特此公告。

　　附件：1.特别纳税调整自行缴纳税款表（编者略）

　　　　　2.关联关系认定表（编者略）

　　　　　3.关联交易认定表（编者略）

　　　　　4.特别纳税调查结论通知书（编者略）

　　　　　5.协商内容记录（编者略）

　　　　　6.特别纳税调查初步调整通知书（编者略）

　　　　　7.特别纳税调查调整通知书（编者略）

　　　　　8.启动特别纳税调整相互协商程序申请表（编者略）

　　　　　9.特别纳税调整相互协商协议补（退）税款通知书（编者略）

国家税务总局
2017 年 3 月 17 日

特别纳税调查调整及相互协商程序管理办法

　　第一条　根据《中华人民共和国企业所得税法》（以下简称企业所得税法）及其实施条例、《中华人民共和国税收征收管理法》（以下简称税收征管法）及其实施细则以及我国对外签署的避免双重征税协定、协议或者安排（以下简称税收协定）的有关规定，制定本办法。

第二条　税务机关以风险管理为导向，构建和完善关联交易利润水平监控管理指标体系，加强对企业利润水平的监控，通过特别纳税调整监控管理和特别纳税调查调整，促进企业税法遵从。

第三条　税务机关通过关联申报审核、同期资料管理和利润水平监控等手段，对企业实施特别纳税调整监控管理，发现企业存在特别纳税调整风险的，可以向企业送达《税务事项通知书》，提示其存在的税收风险。

企业收到特别纳税调整风险提示或者发现自身存在特别纳税调整风险的，可以自行调整补税。企业自行调整补税的，应当填报《特别纳税调整自行缴纳税款表》。

企业自行调整补税的，税务机关仍可按照有关规定实施特别纳税调查调整。

企业要求税务机关确认关联交易定价原则和方法等特别纳税调整事项的，税务机关应当启动特别纳税调查程序。

第四条　税务机关实施特别纳税调查，应当重点关注具有以下风险特征的企业：

（一）关联交易金额较大或者类型较多；

（二）存在长期亏损、微利或者跳跃性盈利；

（三）低于同行业利润水平；

（四）利润水平与其所承担的功能风险不相匹配，或者分享的收益与分摊的成本不相配比；

（五）与低税国家（地区）关联方发生关联交易；

（六）未按照规定进行关联申报或者准备同期资料；

（七）从其关联方接受的债权性投资与权益性投资的比例超过规定标准；

（八）由居民企业，或者由居民企业和中国居民控制的设立在实际税负低于12.5%的国家（地区）的企业，并非由于合理的经营需要而对利润不作分配或者减少分配；

（九）实施其他不具有合理商业目的的税收筹划或者安排。

第五条　税务机关应当向已确定立案调查的企业送达《税务检查通知书（一）》。被立案调查企业为非居民企业的，税务机关可以委托境内关联方或者与调查有关的境内企业送达《税务检查通知书（一）》。

经预备会谈与税务机关达成一致意见，已向税务机关提交《预约定价安排谈签意向书》，并申请预约定价安排追溯适用以前年度的企业，或者已向税务机关提交《预约定价安排续签申请书》的企业，可以暂不作为特别纳税调整的调查对象。预约定价安排未涉及的年度和关联交易除外。

第六条　税务机关实施特别纳税调查时，可以要求被调查企业及其关联方，或者与调查有关的其他企业提供相关资料：

（一）要求被调查企业及其关联方，或者与调查有关的其他企业提供相关资料的，应当向该企业送达《税务事项通知书》，该企业在境外的，税务机关可以委托境内关联方或者与调查有关的境内企业向该企业送达《税务事项通知书》；

（二）需要到被调查企业的关联方或者与调查有关的其他企业调查取证的，应当向该企业送达《税务检查通知书（二）》。

第七条　被调查企业及其关联方以及与调查有关的其他企业应当按照税务机关要求提供真实、完整的相关资料：

（一）提供由自身保管的书证原件。原本、正本和副本均属于书证的原件。提供原件确有困难的，可以提供与原件核对无误的复印件、照片、节录本等复制件。提供方应当在复制件上注明"与原件核对无误，原件存于我处"，并由提供方签章；

（二）提供由有关方保管的书证原件复制件、影印件或者抄录件的，提供方应当在复制件、影印件或者抄录件上注明"与原件核对无误"，并注明出处，由该有关方及提供方签章；

（三）提供外文书证或者外文视听资料的，应当附送中文译本。提供方应当对中文译本的准确性和完整性负责；

（四）提供境外相关资料的，应当说明来源。税务机关对境外资料真实性和完整性有疑义的，可以要求企业提供公证机构的证明。

第八条 税务机关实施特别纳税调查时，应当按照法定权限和程序进行，可以采用实地调查、检查纸质或者电子数据资料、调取账簿、询问、查询存款账户或者储蓄存款、发函协查、国际税收信息交换、异地协查等方式，收集能够证明案件事实的证据材料。收集证据材料过程中，可以记录、录音、录像、照相和复制，录音、录像、照相前应当告知被取证方。记录内容应当由两名以上调查人员签字，并经被取证方核实签章确认。被取证方拒绝签章的，税务机关调查人员（两名以上）应当注明。

第九条 以电子数据证明案件事实的，税务机关可以采取以下方式进行取证：

（一）要求提供方将电子数据打印成纸质资料，在纸质资料上注明数据出处、打印场所，并注明"与电子数据核对无误"，由提供方签章；

（二）采用有形载体形式固定电子数据，由调查人员与提供方指定人员一起将电子数据复制到只读存储介质上并封存。在封存包装物上注明电子数据名称、数据来源、制作方法、制作时间、制作人、文件格式及大小等，并注明"与原始载体记载的电子数据核对无误"，由提供方签章。

第十条 税务机关需要将以前年度的账簿、会计凭证、财务会计报告和其他有关资料调回检查的，应当按照税收征管法及其实施细则有关规定，向被调查企业送达《调取账簿资料通知书》，填写《调取账簿资料清单》交其核对后签章确认。调回资料应当妥善保管，并在法定时限内完整退还。

第十一条 税务机关需要采用询问方式收集证据材料的，应当由两名以上调查人员实施询问，并制作《询问（调查）笔录》。

第十二条 需要被调查当事人、证人陈述或者提供证言的，应当事先告知其不如实陈述或者提供虚假证言应当承担的法律责任。被调查当事人、证人可以采取书面或者口头方式陈述或者提供证言，以口头方式陈述或者提供证言的，调查人员可以笔录、录音、录像。笔录应当使用能够长期保持字迹的书写工具书写，也可使用计算机记录并打印，陈述或者证言应当由被调查当事人、证人逐页签章。

陈述或者证言中应当写明被调查当事人、证人的姓名、工作单位、联系方式等基本信息，注明出具日期，并附居民身份证复印件等身份证明材料。

被调查当事人、证人口头提出变更陈述或者证言的，调查人员应当就变更部分重新制作笔录，注明原因，由被调查当事人、证人逐页签章。被调查当事人、证人变更书面陈述或者证言的，不退回原件。

第十三条 税务机关应当结合被调查企业年度关联业务往来报告表和相关资料，对其与关联方的关联关系以及关联交易金额进行确认，填制《关联关系认定表》和《关联交易认定表》，并由被调查企业确认签章。被调查企业拒绝确认的，税务机关调查人员（两名以上）应当注明。

第十四条 被调查企业不提供特别纳税调查相关资料，或者提供虚假、不完整资料的，由税务机关责令限期改正，逾期仍未改正的，税务机关按照税收征管法及其实施细则有关规定进行处理，并依法核定其应纳税所得额。

第十五条 税务机关实施转让定价调查时，应当进行可比性分析，可比性分析一般包括以下五个方面。税务机关可以根据案件情况选择具体分析内容：

（一）交易资产或者劳务特性，包括有形资产的物理特性、质量、数量等；无形资产的类型、交易形式、保护程度、期限、预期收益等；劳务的性质和内容；金融资产的特性、内容、风险管理等；

（二）交易各方执行的功能、承担的风险和使用的资产。功能包括研发、设计、采购、加工、装配、制造、维修、分销、营销、广告、存货管理、物流、仓储、融资、管理、财务、会计、法律及人力资源管理等；风险包括投资风险、研发风险、采购风险、生产风险、市场风险、管理风险及财务风险等；资产包括有形资产、无形资产、金融资产等；

（三）合同条款，包括交易标的、交易数量、交易价格、收付款方式和条件、交货条件、售后服务范围和条件、提供附加劳务的约定、变更或者修改合同内容的权利、合同有效期、终止或者续签合同的权利等。合同条款分析应当关注企业执行合同的能力与行为，以及关联方之间签署合同条款的可信度等；

（四）经济环境，包括行业概况、地理区域、市场规模、市场层级、市场占有率、市场竞争程度、消费者购买力、商品或者劳务可替代性、生产要素价格、运输成本、政府管制，以及成本节约、市场溢价等地域特殊因素；

（五）经营策略，包括创新和开发、多元化经营、协同效应、风险规避及市场占有策略等。

第十六条 税务机关应当在可比性分析的基础上，选择合理的转让定价方法，对企业关联交易进行分析评估。转让定价方法包括可比非受控价格法、再销售价格法、成本加成法、交易净利润法、利润分割法及其他符合独立交易原则的方法。

第十七条 可比非受控价格法以非关联方之间进行的与关联交易相同或者类似业务活动所收取的价格作为关联交易的公平成交价格。可比非受控价格法可以适用于所有类型的关联交易。

可比非受控价格法的可比性分析，应当按照不同交易类型，特别考察关联交易与非关联交易中交易资产或者劳务的特性、合同条款、经济环境和经营策略上的差异：

（一）有形资产使用权或者所有权的转让，包括：

1.转让过程，包括交易时间与地点、交货条件、交货手续、支付条件、交易数量、售后服务等；

2.转让环节，包括出厂环节、批发环节、零售环节、出口环节等；

3.转让环境，包括民族风俗、消费者偏好、政局稳定程度以及财政、税收、外汇政策等；

4.有形资产的性能、规格、型号、结构、类型、折旧方法等；

5.提供使用权的时间、期限、地点、费用收取标准等；

6.资产所有者对资产的投资支出、维修费用等。

（二）金融资产的转让，包括金融资产的实际持有期限、流动性、安全性、收益性。其中，股权转让交易的分析内容包括公司性质、业务结构、资产构成、所属行业、行业周期、经营模式、企业规模、资产配置和使用情况、企业所处经营阶段、成长性、经营风险、财务风险、交易时间、地理区域、股权关系、历史与未来经营情况、商誉、税收利益、流动性、经济趋势、宏观政策、企业收入和成本结构及其他因素；

（三）无形资产使用权或者所有权的转让，包括：

1.无形资产的类别、用途、适用行业、预期收益；

2.无形资产的开发投资、转让条件、独占程度、可替代性、受有关国家法律保护的程度及期限、地理位置、使用年限、研发阶段、维护改良及更新的权利、受让成本和费用、功能风险情况、摊销方法以及其他影响其价值发生实质变动的特殊因素等。

（四）资金融通，包括融资的金额、币种、期限、担保、融资人的资信、还款方式、计息方法等；

（五）劳务交易，包括劳务性质、技术要求、专业水准、承担责任、付款条件和方式、直接和间接成本等。

关联交易与非关联交易在以上方面存在重大差异的，应当就该差异对价格的影响进行合理调整，无法合理调整的，应当选择其他合理的转让定价方法。

第十八条 再销售价格法以关联方购进商品再销售给非关联方的价格减去可比非关联交易毛利后的金额作为关联方购进商品的公平成交价格。其计算公式如下：

公平成交价格＝再销售给非关联方的价格×（1－可比非关联交易毛利率）

可比非关联交易毛利率＝可比非关联交易毛利／可比非关联交易收入净额×100%

再销售价格法一般适用于再销售者未对商品进行改变外形、性能、结构或者更换商标等实质性增值加工的简单加工或者单纯购销业务。

再销售价格法的可比性分析，应当特别考察关联交易与非关联交易中企业执行的功能、承担的风险、使用的资产和合同条款上的差异，以及影响毛利率的其他因素，具体包括营销、分销、产品保障及服务功能，存货风险，机器、设备的价值及使用年限，无形资产的使用及价值，有价值的营销型无形资产，批发或者零售环节，商业经验，会计处理及管理效率等。

关联交易与非关联交易在以上方面存在重大差异的，应当就该差异对毛利率的影响进行合理调整，无法合理调整的，应当选择其他合理的转让定价方法。

第十九条 成本加成法以关联交易发生的合理成本加上可比非关联交易毛利后的金额作为关联交易的公平成交价格。其计算公式如下：

公平成交价格＝关联交易发生的合理成本×（1＋可比非关联交易成本加成率）

可比非关联交易成本加成率＝可比非关联交易毛利/可比非关联交易成本×100%

成本加成法一般适用于有形资产使用权或者所有权的转让、资金融通、劳务交易等关联交易。

成本加成法的可比性分析，应当特别考察关联交易与非关联交易中企业执行的功能、承担的风险、使用的资产和合同条款上的差异，以及影响成本加成率的其他因素，具体包括制造、加工、安装及测试功能，市场及汇兑风险，机器、设备的价值及使用年限，无形资产的使用及价值，商业经验，会计处理，生产及管理效率等。

关联交易与非关联交易在以上方面存在重大差异的，应当就该差异对成本加成率的影响进行合理调整，无法合理调整的，应当选择其他合理的转让定价方法。

第二十条 交易净利润法以可比非关联交易的利润指标确定关联交易的利润。利润指标包括息税前利润率、完全成本加成率、资产收益率、贝里比率等。具体计算公式如下：

（一）息税前利润率＝息税前利润/营业收入×100%

（二）完全成本加成率＝息税前利润/完全成本×100%

（三）资产收益率＝息税前利润/［（年初资产总额＋年末资产总额）/2］×100%

（四）贝里比率＝毛利/（营业费用＋管理费用）×100%

利润指标的选取应当反映交易各方执行的功能、承担的风险和使用的资产。利润指标的计算以企业会计处理为基础，必要时可以对指标口径进行合理调整。

交易净利润法一般适用于不拥有重大价值无形资产企业的有形资产使用权或者所有权的转让和受让、无形资产使用权受让以及劳务交易等关联交易。

交易净利润法的可比性分析，应当特别考察关联交易与非关联交易中企业执行的功能、承担的风险和使用的资产，经济环境上的差异，以及影响利润的其他因素，具体包括行业和市场情况，经营规模，经济周期和产品生命周期，收入、成本、费用和资产在各交易间的分配，会计处理及经营管理效率等。

关联交易与非关联交易在以上方面存在重大差异的，应当就该差异对利润的影响进行合理调整，无法合理调整的，应当选择其他合理的转让定价方法。

第二十一条 利润分割法根据企业与其关联方对关联交易合并利润（实际或者预计）的贡献计算各自应当分配的利润额。利润分割法主要包括一般利润分割法和剩余利润分割法。

一般利润分割法通常根据关联交易各方所执行的功能、承担的风险和使用的资产，采用符合独立交易原则的利润分割方式，确定各方应当取得的合理利润；当难以获取可比交易信息但能合理确定合并利润时，可以结合实际情况考虑与价值贡献相关的收入、成本、费用、资产、雇员人数等因素，分析关联交易各方对价值做出的贡献，将利润在各方之间进行分配。

剩余利润分割法将关联交易各方的合并利润减去分配给各方的常规利润后的余额作为剩余利润，再根据各方对剩余利润的贡献程度进行分配。

利润分割法一般适用于企业及其关联方均对利润创造具有独特贡献，业务高度整合且难以单独评估各方交易结果的关联交易。利润分割法的适用应当体现利润应在经济活动发生地和价值创造地征税的基本原则。

利润分割法的可比性分析，应当特别考察关联交易各方执行的功能、承担的风险和使用的资产，收入、成本、费用和资产在各方之间的分配，成本节约、市场溢价等地域特殊因素，以及其他价值贡献因素，确定各方对剩余利润贡献所使用的信息和假设条件的可靠性等。

第二十二条 其他符合独立交易原则的方法包括成本法、市场法和收益法等资产评估方法，以及其他能够反映利润与经济活动发生地和价值创造地相匹配原则的方法。

成本法是以替代或者重置原则为基础，通过在当前市场价格下创造一项相似资产所发生的支出确定评估标的价值的评估方法。成本法适用于能够被替代的资产价值评估。

市场法是利用市场上相同或者相似资产的近期交易价格，经过直接比较或者类比分析以确定评估标的价值的评估方法。市场法适用于在市场上能找到与评估标的相同或者相似的非关联可比交易信息时的资产价值评估。

收益法是通过评估标的未来预期收益现值来确定其价值的评估方法。收益法适用于企业整体资产和可预期未来收益的单项资产评估。

第二十三条 税务机关分析评估被调查企业关联交易时，应当在分析评估交易各方功能风险的基础上，选择功能相对简单的一方作为被测试对象。

第二十四条 税务机关在进行可比性分析时，优先使用公开信息，也可以使用非公开信息。

第二十五条 税务机关分析评估被调查企业关联交易是否符合独立交易原则时，可以根据实际情况选择算术平均法、加权平均法或者四分位法等统计方法，逐年分别或者多年度平均计算可比企业利润或者价格的平均值或者四分位区间。

税务机关应当按照可比利润水平或者可比价格对被调查企业各年度关联交易进行逐年测试调整。

税务机关采用四分位法分析评估企业利润水平时，企业实际利润水平低于可比企业利润率区间中位值的，原则上应当按照不低于中位值进行调整。

第二十六条 税务机关分析评估被调查企业为其关联方提供的来料加工业务，在可比企业不是相同业务模式，且业务模式的差异会对利润水平产生影响的情况下，应当对业务模式的差异进行调整，还原其不作价的来料和设备价值。企业提供真实完整的来料加工产品整体价值链相关资料，能够反映各关联方总体利润水平的，税务机关可以就被调查企业与可比企业因料件还原产生的资金占用差异进行可比性调整，利润水平调整幅度超过10%的，应当重新选择可比企业。

除本条第一款外，对因营运资本占用不同产生的利润差异不作调整。

第二十七条 税务机关分析评估被调查企业关联交易是否符合独立交易原则时，选取的可比企业与被调查企业处于不同经济环境的，应当分析成本节约、市场溢价等地域特殊因素，并选择合理的转让定价方法确定地域特殊因素对利润的贡献。

第二十八条 企业为境外关联方从事来料加工或者进料加工等单一生产业务，或者从事分销、合约研发业务，原则上应当保持合理的利润水平。

上述企业如出现亏损，无论是否达到《国家税务总局关于完善关联申报和同期资料管理有关事项的公告》（国家税务总局公告2016年第42号）中的同期资料准备标准，均应当就亏损年度准备同期资料本地文档。税务机关应当重点审核上述企业的本地文档，加强监控管理。

上述企业承担由于决策失误、开工不足、产品滞销、研发失败等原因造成的应当由关联方承担的风险和损失的，税务机关可以实施特别纳税调整。

第二十九条 税务机关对关联交易进行调查分析时，应当确定企业所获得的收益与其执行的功能或者承担的风险是否匹配。

企业与其关联方之间隐匿关联交易直接或者间接导致国家总体税收收入减少的，税务机关可以通过还原隐匿交易实施特别纳税调整。

企业与其关联方之间抵消关联交易直接或者间接导致国家总体税收收入减少的，税务机关可以通过还原抵消交易实施特别纳税调整。

第三十条 判定企业及其关联方对无形资产价值的贡献程度及相应的收益分配时，应当全面分析企业所属企业集团的全球营运流程，充分考虑各方在无形资产开发、价值提升、维护、保护、应用和推广中的价值贡献，无形资产价值的实现方式，无形资产与集团内其他业务的功能、风险和资产的相互作用。

企业仅拥有无形资产所有权而未对无形资产价值做出贡献的，不应当参与无形资产收益分配。无形资产形成和使用过程中，仅提供资金而未实际执行相关功能和承担相应风险的，应当仅获得合理的资金成本回报。

第三十一条 企业与其关联方转让或者受让无形资产使用权而收取或者支付的特许权使用费，应当根据下列情形适时调整，未适时调整的，税务机关可以实施特别纳税调整：

（一）无形资产价值发生根本性变化；

（二）按照营业常规，非关联方之间的可比交易应当存在特许权使用费调整机制；

（三）无形资产使用过程中，企业及其关联方执行的功能、承担的风险或者使用的资产发生变化；

（四）企业及其关联方对无形资产进行后续开发、价值提升、维护、保护、应用和推广做出贡献而未得到合理补偿。

第三十二条 企业与其关联方转让或者受让无形资产使用权而收取或者支付的特许权使用费，应当与无形资产为企业或者其关联方带来的经济利益相匹配。与经济利益不匹配而减少企业或者其关联方应纳税收入或者所得额的，税务机关可以实施特别纳税调整。未带来经济利益，且不符合独立交易原则的，税务机关可以按照已税前扣除的金额全额实施特别纳税调整。

企业向仅拥有无形资产所有权而未对其价值创造做出贡献的关联方支付特许权使用费，不符合独立交易原则的，税务机关可以按照已税前扣除的金额全额实施特别纳税调整。

第三十三条 企业以融资上市为主要目的在境外成立控股公司或者融资公司，仅因融资上市活动所产生的附带利益向境外关联方支付特许权使用费，不符合独立交易原则的，税务机关可以按照已税前扣除的金额全额实施特别纳税调整。

第三十四条 企业与其关联方发生劳务交易支付或者收取价款不符合独立交易原则而减少企业或者其关联方应纳税收入或者所得额的，税务机关可以实施特别纳税调整。

符合独立交易原则的关联劳务交易应当是受益性劳务交易，并且按照非关联方在相同或者类似情形下的营业常规和公平成交价格进行定价。受益性劳务是指能够为劳务接受方带来直接或者间接经济利益，且非关联方在相同或者类似情形下，愿意购买或者愿意自行实施的劳务活动。

第三十五条 企业向其关联方支付非受益性劳务的价款，税务机关可以按照已税前扣除的金额全额实施特别纳税调整。非受益性劳务主要包括以下情形：

（一）劳务接受方从其关联方接受的，已经购买或者自行实施的劳务活动；

（二）劳务接受方从其关联方接受的，为保障劳务接受方的直接或者间接投资方的投资利益而实施的控制、管理和监督等劳务活动。该劳务活动主要包括：

1.董事会活动、股东会活动、监事会活动和发行股票等服务于股东的活动；

2.与劳务接受方的直接或者间接投资方、集团总部和区域总部的经营报告或者财务报告编制及分析有关的活动；

3.与劳务接受方的直接或者间接投资方、集团总部和区域总部的经营及资本运作有关的筹资活动；

4.为集团决策、监管、控制、遵从需要所实施的财务、税务、人事、法务等活动；

5.其他类似情形。

（三）劳务接受方从其关联方接受的，并非针对其具体实施的，只是因附属于企业集团而获得额外收益的劳务活动。该劳务活动主要包括：

1.为劳务接受方带来资源整合效应和规模效应的法律形式改变、债务重组、股权收购、资产收购、合并、分立等集团重组活动；

2.由于企业集团信用评级提高，为劳务接受方带来融资成本下降等利益的相关活动；

3.其他类似情形。

（四）劳务接受方从其关联方接受的，已经在其他关联交易中给予补偿的劳务活动。该劳务活动主要包括：

1.从特许权使用费支付中给予补偿的与专利权或者非专利技术相关的服务；

2. 从贷款利息支付中给予补偿的与贷款相关的服务；

3. 其他类似情形。

（五）与劳务接受方执行的功能和承担的风险无关，或者不符合劳务接受方经营需要的关联劳务活动；

（六）其他不能为劳务接受方带来直接或者间接经济利益，或者非关联方不愿意购买或者不愿意自行实施的关联劳务活动。

第三十六条 企业接受或者提供的受益性劳务应当充分考虑劳务的具体内容和特性，劳务提供方的功能、风险、成本和费用，劳务接受方的受益情况、市场环境，交易双方的财务状况，以及可比交易的定价情况等因素，按照本办法的有关规定选择合理的转让定价方法，并遵循以下原则：

（一）关联劳务能够分别按照各劳务接受方、劳务项目为核算单位归集相关劳务成本费用的，应当以劳务接受方、劳务项目合理的成本费用为基础，确定交易价格；

（二）关联劳务不能分别按照各劳务接受方、劳务项目为核算单位归集相关劳务成本费用的，应当采用合理标准和比例向各劳务接受方分配，并以分配的成本费用为基础，确定交易价格。分配标准应当根据劳务性质合理确定，可以根据实际情况采用营业收入、营运资产、人员数量、人员工资、设备使用量、数据流量、工作时间以及其他合理指标，分配结果应当与劳务接受方的受益程度相匹配。非受益性劳务的相关成本费用支出不得计入分配基数。

第三十七条 企业向未执行功能、承担风险，无实质性经营活动的境外关联方支付费用，不符合独立交易原则的，税务机关可以按照已税前扣除的金额全额实施特别纳税调整。

第三十八条 实际税负相同的境内关联方之间的交易，只要该交易没有直接或者间接导致国家总体税收收入的减少，原则上不作特别纳税调整。

第三十九条 经调查，税务机关未未发现企业存在特别纳税调整问题的，应当作出特别纳税调查结论，并向企业送达《特别纳税调查结论通知书》。

第四十条 经调查，税务机关发现企业存在特别纳税调整问题的，应当按照以下程序实施调整：

（一）在测算、论证、可比性分析的基础上，拟定特别纳税调查调整方案；

（二）根据拟定调整方案与企业协商谈判，双方均应当指定主谈人，调查人员应当做好《协商内容记录》，并由双方主谈人签字确认。企业拒签的，税务机关调查人员（两名以上）应当注明。企业拒绝协商谈判的，税务机关向企业送达《特别纳税调查初步调整通知书》；

（三）协商谈判过程中，企业对拟定调整方案有异议的，应当在税务机关规定的期限内进一步提供相关资料。税务机关收到资料后，应当认真审议，并作出审议结论。根据审议结论，需要进行特别纳税调整的，税务机关应当形成初步调整方案，向企业送达《特别纳税调查初步调整通知书》；

（四）企业收到《特别纳税调查初步调整通知书》后有异议的，应当自收到通知书之日起 7 日内书面提出。税务机关收到企业意见后，应当再次协商、审议。根据审议结论，需要进行特别纳税调整，并形成最终调整方案的，税务机关应当向企业送达《特别纳税调查调整通知书》；

（五）企业收到《特别纳税调查初步调整通知书》后，在规定期限内未提出异议的，或者提出异议后又拒绝协商的，或者虽提出异议但经税务机关审议后不予采纳的，税务机关应当以初步调整方案作为最终调整方案，向企业送达《特别纳税调查调整通知书》。

第四十一条 企业收到《特别纳税调查调整通知书》后有异议的，可以在依照《特别纳税调查调整通知书》缴纳或者解缴税款、利息、滞纳金或者提供相应的担保后，依法申请行政复议。

企业收到国家税务局送达的《特别纳税调查调整通知书》后有异议的，向其上一级国家税务局申请行政复议；企业收到地方税务局送达的《特别纳税调查调整通知书》后有异议的，可以选择向其上一级地方税务局或者本级人民政府申请行政复议。

对行政复议决定不服的，可以依法向人民法院提起行政诉讼。

第四十二条 税务机关对企业实施特别纳税调整，涉及企业向境外关联方支付利息、租金、特许权使用费的，除另有规定外，不调整已扣缴的税款。

第四十三条 企业可以在《特别纳税调查调整通知书》送达前自行缴纳税款。企业自行缴纳税款的，应当填报《特别纳税调整自行缴纳税款表》。

第四十四条 税务机关对企业实施特别纳税调整的，应当根据企业所得税法及其实施条例的有关规定对2008年1月1日以后发生交易补征的企业所得税按日加收利息。

特别纳税调查调整补缴的税款，应当按照应补缴税款所属年度的先后顺序确定补缴税款的所属年度，以入库日为截止日，分别计算应加收的利息额：

（一）企业在《特别纳税调查调整通知书》送达前缴纳或者送达后补缴税款的，应当自税款所属纳税年度的次年6月1日起至缴纳或者补缴税款之日止计算加收利息。企业超过《特别纳税调查调整通知书》补缴税款期限仍未缴纳税款的，应当自补缴税款期限届满次日起按照税收征管法及其实施细则的有关规定加收滞纳金，在加收滞纳金期间不再加收利息；

（二）利息率按照税款所属纳税年度12月31日公布的与补税期间同期的中国人民银行人民币贷款基准利率（以下简称基准利率）加5个百分点计算，并按照一年365天折算日利息率；

（三）企业按照有关规定提供同期资料及有关资料的，或者按照有关规定不需要准备同期资料但根据税务机关要求提供其他相关资料的，可以只按照基准利率加收利息。

经税务机关调查，企业实际关联交易额达到准备同期资料标准，但未按照规定向税务机关提供同期资料的，税务机关补征税款加收利息，适用本条第二款第二项规定。

第四十五条 企业自行调整补税且主动提供同期资料等有关资料，或者按照有关规定不需要准备同期资料但根据税务机关要求提供其他相关资料的，其2008年1月1日以后发生交易的自行调整补税按照基准利率加收利息。

第四十六条 被调查企业在税务机关实施特别纳税调查调整期间申请变更经营地址或者注销税务登记的，税务机关在调查结案前原则上不予办理税务变更、注销手续。

第四十七条 根据我国对外签署的税收协定的有关规定，国家税务总局可以依据企业申请或者税收协定缔约对方税务主管当局请求启动相互协商程序，与税收协定缔约对方税务主管当局开展协商谈判，避免或者消除由特别纳税调整事项引起的国际重复征税。

相互协商内容包括：

（一）双边或者多边预约定价安排的谈签；

（二）税收协定缔约一方实施特别纳税调查调整引起另一方相应调整的协商谈判。

第四十八条 企业申请启动相互协商程序的，应当在税收协定规定期限内，向国家税务总局书面提交《启动特别纳税调整相互协商程序申请表》和特别纳税调整事项的有关说明。企业当面报送上述资料的，以报送日期为申请日期；邮寄报送的，以国家税务总局收到上述资料的日期为申请日期。

国家税务总局收到企业提交的上述资料后，认为符合税收协定有关规定的，可以启动相互协商程序；认为资料不全的，可以要求企业补充提供资料。

第四十九条 税收协定缔约对方税务主管当局请求启动相互协商程序的，国家税务总局收到正式来函后，认为符合税收协定有关规定的，可以启动相互协商程序。

国家税务总局认为税收协定缔约对方税务主管当局提供的资料不完整、事实不清晰的，可以要求对方补充提供资料，或者通过主管税务机关要求涉及的境内企业协助核实。

第五十条 国家税务总局决定启动相互协商程序的，应当书面通知省税务机关，并告知税收协定缔约对方税务主管当局。负责特别纳税调整事项的主管税务机关应当在收到书面通知后15个工作日内，向企业送达启动相互协商程序的《税务事项通知书》。

第五十一条 在相互协商过程中，税务机关可以要求企业进一步补充提供资料，企业应当在规定的时限内提交。

第五十二条 有下列情形之一的，国家税务总局可以拒绝企业申请或者税收协定缔约对方税务主管当局启动相互协商程序的请求：

（一）企业或者其关联方不属于税收协定任一缔约方的税收居民；

（二）申请或者请求不属于特别纳税调整事项；

（三）申请或者请求明显缺乏事实或者法律依据；

（四）申请不符合税收协定有关规定；

（五）特别纳税调整案件尚未结案或者虽然已经结案但是企业尚未缴纳应纳税款。

第五十三条 有下列情形之一的，国家税务总局可以暂停相互协商程序：

（一）企业申请暂停相互协商程序；

（二）税收协定缔约对方税务主管当局请求暂停相互协商程序；

（三）申请必须以另一被调查企业的调查调整结果为依据，而另一被调查企业尚未结束调查调整程序；

（四）其他导致相互协商程序暂停的情形。

第五十四条 有下列情形之一的，国家税务总局可以终止相互协商程序：

（一）企业或者其关联方不提供与案件有关的必要资料，或者提供虚假、不完整资料，或者存在其他不配合的情形；

（二）企业申请撤回或者终止相互协商程序；

（三）税收协定缔约对方税务主管当局撤回或者终止相互协商程序；

（四）其他导致相互协商程序终止的情形。

第五十五条 国家税务总局决定暂停或者终止相互协商程序的，应当书面通知省税务机关。负责特别纳税调整事项的主管税务机关应当在收到书面通知后15个工作日内，向企业送达暂停或者终止相互协商程序的《税务事项通知书》。

第五十六条 国家税务总局与税收协定缔约对方税务主管当局签署相互协商协议后，应当书面通知省税务机关，附送相互协商协议。负责特别纳税调整事项的主管税务机关应当在收到书面通知后15个工作日内，向企业送达《税务事项通知书》，附送相互协商协议。需要补（退）税的，应当附送《特别纳税调整相互协商协议补（退）税款通知书》或者《预约定价安排补（退）税款通知书》，并监控执行补（退）税款情况。

应纳税收入或者所得额以外币计算的，应当按照相互协商协议送达企业之日上月最后一日人民币汇率中间价折合成人民币，计算应补缴或者应退还的税款。

补缴税款应当加收利息的，按照《中华人民共和国企业所得税法实施条例》第一百二十二条规定的人民币贷款基准利率执行。

第五十七条 各级税务机关应当对税收协定缔约对方税务主管当局、企业或者其扣缴义务人、代理人等在相互协商中提供的有关资料保密。

第五十八条 企业或者其扣缴义务人、代理人等在相互协商中弄虚作假，或者有其他违法行为的，税务机关应当按照税收征管法及其实施细则的有关规定处理。

第五十九条 企业按照本办法规定向国家税务总局提起相互协商申请的，提交的资料应当同时采用中文和英文文本，企业向税收协定缔约双方税务主管当局提交资料内容应当保持一致。

第六十条 涉及税收协定条款解释或者执行的相互协商程序，按照《国家税务总局关于发布〈税收协定相互协商程序实施办法〉的公告》（国家税务总局公告2013年第56号）的有关规定执行。

第六十一条 本办法施行前已受理但尚未达成一致的相互协商案件，适用本办法的规定。

第六十二条 本办法自2017年5月1日起施行。《特别纳税调整实施办法（试行）》（国税发〔2009〕2号文件印发）第四章、第五章、第十一章和第十二章、《国家税务总局关于加强转让定价跟踪管理有关问题的通知》

（国税函〔2009〕188 号）、《国家税务总局关于强化跨境关联交易监控和调查的通知》（国税函〔2009〕363 号）、《国家税务总局关于特别纳税调整监控管理有关问题的公告》（国家税务总局公告 2014 年第 54 号）、《国家税务总局关于企业向境外关联方支付费用有关企业所得税问题的公告》（国家税务总局公告 2015 年第 16 号）同时废止。

政策链接2

《特别纳税调查调整及相互协商程序管理办法》有关问题解答

2017 年 3 月 28 日，税务总局发布《特别纳税调查调整及相互协商程序管理办法》（国家税务总局公告 2017 年第 6 号，以下简称《办法》）。税务总局国际税务司就相关问题进行了解答。

问：《办法》发布的背景是什么？

答：税务总局于 2009 年初发布《特别纳税调整实施办法（试行）》（国税发〔2009〕2 号，以下简称 2 号文），对特别纳税调查及调整程序进行规范，至今已有 8 年。《办法》结合国内国际的经济环境变化及多年来特别纳税调查调整工作的经验，对 2 号文中特别纳税调查调整的相关内容进行了补充修改和细化，进一步明晰税务机关的调查调整程序、调整方法等相关工作内容。《办法》还充分考虑纳税人的合法权益，进一步规范了特别纳税调整相互协商的工作流程及内容。

同时，《办法》考虑了当前国际税收新形势，根据 G20 倡导的"利润在经济活动发生地和价值创造地征税"总原则，充分借鉴了新的国际税收规则和 G20 税改成果。

问：企业自行调整补税后，税务机关是否可以实施特别纳税调查调整？

答：《办法》吸纳了《关于特别纳税调整监控管理有关问题的公告》（国家税务总局公告 2014 年第 54 号）的内容，强调税务机关以风险管理为导向，通过关联申报审核、同期资料管理和利润水平监控等手段，对企业实施特别纳税调整监控管理，发现企业存在特别纳税调整风险的，会对企业进行风险提示，鼓励企业自行调整。

企业自行调整补税的，在两种情形下税务机关仍可以实施特别纳税调查调整。一是企业自行调整补税不到位的；二是企业要求税务机关确认关联交易定价原则和方法等特别纳税调整事项的。

问：《办法》规定的特别纳税调查程序是否仅适用于转让定价的调查？

答：《办法》规定的特别纳税调查程序适用于对企业的转让定价、成本分摊协议、受控外国企业、资本弱化、一般反避税等事项的特别纳税调查。

问：非居民企业是否会被特别纳税调查？

答：根据《中华人民共和国企业所得税法》的规定，税务机关可以对非居民企业实施特别纳税调查。税务机关对非居民企业实施特别纳税调查并立案的，可以委托境内关联方或者与调查有关的境内企业送达《税务检查通知书（一）》。

问：已经申请预约定价安排的企业是否会被特别纳税调查？

答：《办法》明确经预备会谈与税务机关达成一致意见，已向税务机关提交《预约定价安排谈签意向书》，并申请预约定价安排追溯适用以前年度的企业，或者已向税务机关提交《预约定价安排续签申请书》的企业，可以暂不作为特别纳税调整的调查对象。但预约定价安排未涉及的年度和关联交易除外，也就是说如果预约定价安排未涉及的关联交易存在特别纳税调整问题，也可能被特别纳税调查调整。

问：被调查企业不提供特别纳税调查相关资料，或者提供虚假、不完整资料的，是否会被税务机关核定应纳税所得额？

答：《办法》第十四条规定，被调查企业不提供特别纳税调查相关资料，或者提供虚假、不完整资料的，税务机关会责令限期改正，被调查企业可以在责令限改期内补充提供资料。被调查企业逾期仍未改正的，税务机关将按照税收征管法及其实施细则有关规定进行处理，并依法核定其应纳税所得额。

问：《办法》对税务机关进行可比性分析提出了哪些要求？

答：《办法》进一步规范了税务机关进行可比性分析的步骤和方法，提出了具体要求。

（一）应当在分析评估交易各方功能风险的基础上，选择功能相对简单的一方作为被测试对象；

（二）优先使用公开信息，也可以使用非公开信息；

（三）可以根据实际情况选择算术平均法、加权平均法或者四分位法等统计方法，逐年分别或者多年度平均计算可比企业利润或者价格的平均值或者四分位区间；

（四）应当按照可比利润水平或者可比价格对被调查企业各年度关联交易进行逐年测试调整；

（五）采用四分位法分析评估企业利润水平时，企业实际利润水平低于可比企业利润率区间中位值的，原则上应当按照不低于中位值进行调整；

（六）被调查企业为其关联方提供的来料加工业务，在可比企业不是相同业务模式，且业务模式的差异会对利润水平产生影响的情况下，应当对业务模式的差异进行调整，还原其不作价的来料和设备价值。企业提供真实完整的来料加工产品整体价值链相关资料，能够反映各关联方总体利润水平的，税务机关可以就被调查企业与可比企业因料件还原产生的资金占用差异进行可比性调整，利润水平调整幅度超过10%的，应当重新选择可比企业。除料件还原外，对因营运资本占用不同产生的利润差异不作调整；

（七）选取的可比企业与被调查企业处于不同经济环境的，应当分析成本节约、市场溢价等地域特殊因素，并选择合理的转让定价方法确定地域特殊因素对利润的贡献。

问：企业在关联交易中应当特别避免的几种行为？

答：《办法》强调了税务机关特别关注的几种避税行为，企业在实际的关联交易中应予以关注，以减少税收风险。

（一）为境外关联方从事来料加工或者进料加工等单一生产业务，或者从事分销、合约研发业务的企业，承担由于决策失误、开工不足、产品滞销、研发失败等原因造成的应当由关联方承担的风险和损失；

（二）企业与其关联方之间隐匿关联交易直接或者间接导致国家总体税收收入减少；

（三）企业与其关联方之间抵消关联交易直接或者间接导致国家总体税收收入减少。

问：单一功能的亏损企业是否需要准备同期资料？

答：《办法》延续《国家税务总局关于强化跨境关联交易监控和调查的通知》（国税函〔2009〕363号）的文件精神，规定企业为境外关联方从事来料加工或者进料加工等单一生产业务，或者从事分销、合约研发业务，原则上应当保持合理的利润水平。上述企业如出现亏损，无论是否达到《国家税务总局关于完善关联申报和同期资料管理有关事项的公告》（国家税务总局公告2016年第42号）中的同期资料准备标准，均应当就亏损年度准备同期资料本地文档。税务机关会重点审核上述企业的本地文档，加强监控管理。

问：企业被实施转让定价调查调整后，是否会被实施5年的跟踪管理？

答：《特别纳税调整实施办法（试行）》（国税发〔2009〕2号）第四十五条规定，税务机关对企业实施转让定价纳税调整后，应自企业被调整的最后年度的下一年度起5年内实施跟踪管理。

《办法》取消了5年跟踪管理期的规定，强调税务机关将通过关联申报审核、同期资料管理和利润水平监控等手段，对企业实施特别纳税调整监控管理。这里包括被实施转让定价调查调整的企业。也就是说，对于被实施转让定价调查调整的企业，税务机关依然会实施特别纳税调整监控管理，而且监控管理期不限于5年。

问：《办法》废止了《国家税务总局关于企业向境外关联方支付费用有关企业所得税问题的公告》（国家税务总局公告2015年第16号，以下简称16号公告），企业向境外关联方支付费用适用的政策是否存在原则性变化？

答：为方便纳税人的政策执行，《办法》吸收合并了多个相关文件，并进一步完善。其中，企业向境外关联方支付费用适用的政策没有发生原则性变化。《办法》第三十条至第三十七条将16号公告的相关内容进一步完善和细化，规定了企业与其关联方进行无形资产收益分配，以及企业与其关联方发生劳务交易支付或者收取价款等应遵循的基本原则。

应特别关注的是，《办法》明确以下情形，如果不符合独立交易原则，税务机关可以按照已税前扣除的金额全额实施特别纳税调整：

（一）企业与其关联方转让或者受让未带来经济利益的无形资产使用权而收取或者支付特许权使用费的；

（二）企业向仅拥有无形资产所有权而未对其价值做出贡献的关联方支付特许权使用费的；

（三）企业以融资上市为主要目的在境外成立控股公司或者融资公司，仅因融资上市活动所产生的附带利益向境外关联方支付特许权使用费的；

（四）企业向其关联方支付非受益性劳务价款的；

（五）企业向未执行功能、承担风险，无实质性经营活动的境外关联方支付费用的。

问：对于企业自行进行调整的情况，补缴税款时是否可以按照基准利率加收利息？

答：企业自行调整补税且主动提供同期资料等有关资料，或者按照有关规定不需要准备同期资料但根据税务机关要求提供其他相关资料的，其2008年1月1日以后发生交易的自行调整补税按照基准利率加收利息。

问：企业被实施特别纳税调查调整后，有哪些法律救济途径？

答：企业被实施特别纳税调查调整后，可以依法申请行政复议或者诉讼，也可以根据我国对外签署的税收协定的有关规定，申请启动特别纳税调整相互协商程序。

问：企业在申请预约定价安排时，如何适用《办法》与《国家税务总局关于完善预约定价安排管理有关事项的公告》（国家税务总局公告2016年第64号，以下简称64号公告）？

答：《办法》是相互协商程序的一般性规定。双边或者多边预约定价安排所涉相互协商程序的启动、暂停和终止由《办法》进行规范，而预约定价安排的谈签根据64号公告的相关规定执行。

需要说明的是，申请双边或者多边预约定价安排的，根据64号公告第八条以及《办法》第四十八条和五十条的规定，企业在收到主管税务机关送达的同意提交正式申请的《税务事项通知书》后，可以向主管税务机关提交《预约定价安排正式申请书》，附送预约定价安排正式申请报告，同时向国家税务总局书面提交《预约定价安排正式申请书》、正式申请报告和《启动特别纳税调整相互协商程序申请表》。国家税务总局决定启动相互协商程序的，应当书面通知省税务机关，并告知税收协定缔约对方税务主管当局。主管税务机关应当在收到书面通知后15个工作日内，向企业送达启动相互协商程序的《税务事项通知书》。

问：《办法》关于相互协商程序的规定和《税收协定相互协商程序实施办法》（国家税务总局公告2013年第56号，以下简称56号公告）如何衔接？

答：《办法》不适用于涉及税收协定条款解释或者执行的相互协商程序。涉及税收协定条款解释或者执行的相互协商程序，按照56号公告的有关规定执行。

发布《千户集团名册管理办法》

Administration Measures on the Catalogue of the One-Thousand-Key-Conglomerates Directly Administered and Served by SAT

为加强国家税务总局管理服务的重点大企业集团（以下简称千户集团）风险管理和纳税服务工作，根据《中华人民共和国税收征收管理法》及其实施细则等有关规定，国家税务总局在充分调查研究的基础上，于2017年3月6日，制定发布了《千户集团名册管理办法》（以下简称《办法》）。现将《办法》主要内容解读如下：

一、为什么要出台《办法》？

千户集团名册是开展大企业税收经济分析和风险分析的重要基础。加强千户集团名册管理，了解、掌握集团内部管理层级、资产关联关系、地区分布等情况，有助于税务机关明确服务管理范围，提高税收服务管理水平；有助于企业防范税收风险，提升纳税遵从水平。

根据《中华人民共和国税收征收管理法》有关规定，纳税人必须依照法律、行政法规规定或者税务机关依照法律、行政法规的规定确定的申报期限、申报内容如实办理纳税申报，报送纳税申报表、财务会计报表以及税务机关根据实际需要要求纳税人报送的其他纳税资料。根据《国家税务总局关于印发〈深化大企业税收服务与管理改革实施方案〉的通知》（税总发〔2015〕157号），国家税务总局重点聚焦千户集团，各省国税局、地税局联合聚焦集团总部在本省的千户集团和省税务局确定的大企业，共同采集并定期更新集团及其成员企业信息。

在这种背景下，通过制定《办法》，进一步明确千户集团名册管理工作职责、规范名册管理工作方式、理顺内外部关系，对于完善千户集团名册管理体系、提升大企业税收服务管理水平、促进大企业纳税遵从，具有非常重要的意义。

二、如何选定千户集团？

千户集团是指年度缴纳税额达到国家税务总局管理服务标准的企业集团。其中，年度缴纳税额为集团总部及其境内外全部成员企业境内年度缴纳各项税收总额，不包括关税、船舶吨税以及企业代扣代缴的个人所得税，不扣减出口退税和财政部门办理的减免税。

为了了解、掌握一些企业的组织结构、基本财务等情况，加强相应的服务与管理，公告规定对全部中央企业、中央金融企业不论年度缴纳税额多少，均纳入千户集团范围。另外，公告还明确单一的法人企业，即，虽然不是企业集团，如果年度缴纳税额达到国家税务总局管理服务标准的，也可纳入千户集团范围。

千户集团名单由国家税务总局确定，按年度发布。

三、如何调整千户集团？

根据千户集团税收风险分析及税收经济分析工作需要，千户集团名单保持总体稳定、个别调整，实行动态管理。

当年新增符合条件的千户集团，由各省、自治区、直辖市和计划单列市税务机关（以下简称省税务机关）提出，并组织集团总部按照要求填报集团名册信息，经省税务机关审核后于每年6月30日前汇总上报国家税务总局。

合并重组、破产、注销或年度缴纳税额连续

五年未达到国家税务总局管理服务标准的企业集团，应从名册管理范围内调出。因上述原因需要调出名册管理范围的千户集团，由省税务机关核实，并于每年6月30日前汇总上报国家税务总局。

四、千户集团名册管理范围包括哪些？

千户集团名册管理范围分内资企业集团、外资企业集团。

内资企业集团为纳入企业合并会计报表范围，或虽未编制合并会计报表，但为集团控制且办理了工商或税务登记的境内各级分公司和子公司、控股的境外公司，以及其他涉税组织机构。其中，集团控制是指投资方拥有对被投资方的权力，通过参与被投资方的相关活动而享有可变回报，并且有能力运用对被投资方的权力影响其回报金额。"集团控制"的概念，在实际工作中可根据《财政部关于印发修订〈企业会计准则第33号——合并财务报表〉的通知》（财会〔2014〕10号）及其应用指南有关规定执行。

外资企业集团为全球总部控股并在中国境内办理了工商或税务登记的各级分公司和子公司以及其他涉税组织机构。

五、千户集团名册信息包括哪些项目？

千户集团名册信息包括企业名称、纳税人识别号、统一社会信用代码、集团名称、上一级企业名称及其他涉税信息等项目，具体详见《千户集团名册信息表》。国家税务总局根据实际需要，适时修订千户集团名册信息项目内容。

六、列入千户集团名单的企业集团名册管理工作职责有哪些？

列入千户集团名单的企业集团名册管理工作主要职责包括：

（一）按照税务机关要求，组织开展名册信息填写、审核和报送；

（二）根据税务机关反馈的核实结果，组织开展名册信息校正；

（三）开展集团内部名册管理工作培训，对成员企业提供指导；

（四）其他名册管理工作。

七、省税务机关在千户集团名册管理工作中的职责有哪些？

省税务机关在千户集团名册管理工作中的主要职责包括：

（一）核实、推荐本省符合千户集团入选标准的企业集团，提出企业集团调整建议，协助国家税务总局确定千户集团名单；

（二）组织总部在本省的集团报送成员企业名册信息；

（三）审核并补充完善本省的成员企业名册信息；

（四）评价总部在本省的集团报送的名册质量，向企业集团反馈评价结果；

（五）总结名册管理工作开展情况，提出工作建议；

（六）其他名册管理工作。

八、国家税务总局在千户集团名册管理工作中的主要职责有哪些？

国家税务总局在千户集团名册管理工作中的主要职责：

（一）制定、完善千户集团名册管理办法；

（二）确定、调整千户集团名单和千户集团名册信息项目；

（三）协调集团总部所在地的省税务机关和成员企业所在地的省税务机关的名册核实工作；

（四）建立、完善千户集团名册管理系统并提供技术支持；

（五）开展千户集团名册管理工作组织绩效考评；

（六）其他名册管理工作。

九、规范千户集团名册管理工作的主要措施有哪些？

对应报未报、提供虚假名册信息或拒绝报送名册信息的企业集团，省税务机关应及时上报国家税务总局。情节严重的，按照《中华人民共和国税收征收管理法》及其实施细则等有关规定对集团总部及相应成员企业进行处理。对存在上述情形的集团总部及成员企业，税务机关记录相关纳税信用信息，相关信息用于纳税信用评价。

政策链接

国家税务总局关于发布《千户集团名册管理办法》的公告

国家税务总局公告2017年第7号

为加强国家税务总局管理服务的重点大企业集团（以下简称千户集团）风险管理和纳税服务工作，根据《中华人民共和国税收征收管理法》及其实施细则等有关规定，国家税务总局制定了《千户集团名册管理办法》。现予以发布，自2017年5月1日起施行。

特此公告。

附件：千户集团名册信息表（编者略）

国家税务总局
2017年3月6日

千户集团名册管理办法

第一条 为加强千户集团风险管理和纳税服务工作，根据《中华人民共和国税收征收管理法》及其实施细则等有关规定，制定本办法。

第二条 千户集团是指年度缴纳税额达到国家税务总局管理服务标准的企业集团，包括全部中央企业、中央金融企业以及达到上述标准的单一法人企业等。其中，年度缴纳税额为集团总部及其境内外全部成员企业境内年度纳税额合计，不包括关税、船舶吨税以及企业代扣代缴的个人所得税，不扣减出口退税和财政部门办理的减免税。

第三条 千户集团名册管理范围分内资企业集团、外资企业集团。

内资企业集团为纳入企业合并会计报表范围，或虽未编制合并会计报表，但为集团控制且办理了工商或税务登记的境内各级分公司和子公司、控股的境外公司以及其他涉税组织机构。其中，集团控制是指投资方拥有对被投资方的权力，通过参与被投资方的相关活动而享有可变回报，并且有能力运用对被投资方的权力影响其回报金额。

外资企业集团为全球总部控股并在中国境内办理了工商或税务登记的各级分公司和子公司以及其他涉税组织机构。

第四条 千户集团名册信息包括企业名称、纳税人识别号、统一社会信用代码、集团名称、上一级企业名称及其他涉税信息等项目，详见《千户集团名册信息表》（附后）。国家税务总局根据工作需要，适时修订千户集团名册信息项目内容。

第五条 千户集团名单由国家税务总局确定，定期发布，实行动态管理。

第六条 已入选千户集团名单的企业集团总部按年维护集团名册信息，每年应按照要求填报相关信息，于每年5月31日企业所得税汇算清缴结束前报送省、自治区、直辖市、计划单列市税务机关（以下简称省税务机关）；省税务机关审核集团总部填报信息，并于每年6月30日前汇总上报国家税务总局。

第七条 当年如新增符合条件的千户集团，由省税务机关提出，并组织集团总部按照要求填报集团名册信息，经省税务机关审核后于每年6月30日前汇总上报国家税务总局。

第八条 合并重组、破产、注销或年度缴纳税额连续五年未达到国家税务总局管理服务标准的企业集团，应从名册管理范围内调出。因上述原因需要调出名册管理范围的千户集团，由省税务机关核实，并于每年6月30日前汇总上报国家税务总局。

第九条 千户集团按年确定其成员企业。集团总部按照税务机关要求组织填报集团成员企业名册信息，并于每年10月纳税申报期结束前报送省税务机关。省税务机关交叉比对内外部信息，通过千户集团名册管理系统核实成员企业名册信息准确性、完整性，并于每年10月31日前上报国家税务总局。省税务机关对总部在本省的集团，核实集团总部及该集团在本省的成员企业名册信息；对总部不在本省的集团，核实该集团在本省的成员企业名册信息。

第十条 对应报未报、提供虚假名册信息或拒绝报送名册信息的企业集团，省税务机关应及时上报国家税务总局。情节严重的，按照《中华人民共和国税收征收管理法》及其实施细则等有关规定对集团总部及相应成员企业进行处理。对存在上述情形的集团总部及成员企业，税务机关记录相关纳税信用信息，相关信息用于纳税信用评价。

第十一条 国家税务总局在千户集团名册管理工作中的主要职责：

（一）制定、完善千户集团名册管理办法；

（二）确定、调整千户集团名单和千户集团名册信息项目；

（三）协调集团总部所在地的省税务机关和成员企业所在地的省税务机关的名册核实工作；

（四）建立、完善千户集团名册管理系统并提供技术支持；

（五）开展千户集团名册管理工作组织绩效考评；

（六）其他名册管理工作。

第十二条 省税务机关在千户集团名册管理工作中的主要职责：

（一）核实、推荐本省符合千户集团入选标准的企业集团，提出入册企业集团调整建议，协助国家税务总局确定千户集团名单；

（二）组织总部在本省的集团报送成员企业名册信息；

（三）审核并补充完善本省的成员企业名册信息；

（四）评价总部在本省的集团报送的名册质量，向企业集团反馈评价结果；

（五）总结名册管理工作开展情况，提出工作建议；

（六）其他名册管理工作。

第十三条 列入千户集团名单的企业集团在名册管理工作中的主要职责：

（一）按照税务机关要求，组织开展名册信息填写、审核和报送；

（二）根据税务机关反馈的核实结果，组织开展名册信息校正；

（三）开展集团内部名册管理工作培训，对成员企业提供指导；

（四）其他名册管理工作。

第十四条 省税务机关和企业集团应建立名册管理工作沟通联络机制，企业集团指定专人负责名册管理工作。省税务机关为企业集团提供咨询辅导，并指导各地税务机关对本地成员企业进行辅导。

第十五条 省税务机关应加强千户集团名册管理工作沟通协作和信息共享，可组建联合工作团队开展名册管理工作。

第十六条 各级税务机关应积极与相关部门对千户集团名册信息开展合作，主动从各级财政、工商、商务、国资委等部门获取千户集团名册补充信息，通过互联网搜集公开信息，丰富完善千户集团名册信息。

第十七条　省税务机关应根据实际工作情况定期开展千户集团重点行业或重点企业的专项分析，改进千户集团名册质量，加强千户集团名册管理。

第十八条　省税务机关可参照本办法，制定名册管理具体实施方案。

第十九条　本办法自2017年5月1日起施行，《国家税务总局定点联系企业名册管理办法》（国家税务总局公告2013年第18号发布）同时废止。

明确个人转让住房享受税收优惠政策
判定购房时间问题

Clarifications on Determination of the Purchasing Time to apply the Preferential Tax Policies to Private Housing Transfers

2017年3月17日，税务总局印发《关于个人转让住房享受税收优惠政策判定购房时间问题的公告》（国家税务总局公告2017年第8号，以下简称《公告》），现解读如下：

一、本《公告》有关背景

现行税收政策规定，个人对外销售购买二年以上（含二年）的住房减免增值税（营改增前为营业税），自用五年以上的家庭唯一住房免征个人所得税。

2005年以来，税务总局实施房地产税收一体化管理，买卖双方办理房屋产权过户手续时，税务机关以契税为抓手，"先税后证"，统一抓好各税种管理。上述各项税收减免政策的落实，都需要判定个人房屋的购房时间。目前，所有与住房交易有关的税种对购房时间都采取统一的判断标准：按照契税完税证明和房屋产权证书（包括不动产权证书，下同）的注明日期两项标准"孰先"原则判断。这一判断标准对于组织税收收入、落实房地产税收优惠政策、加强房地产税收管理起到了积极作用。

近接部分省市反映，有的纳税人购买房屋后，因产权纠纷等原因未能及时取得房屋产权证书。纳税人在拟转让房屋之前，曾经人民法院、仲裁委员会等部门裁定对其对房屋具有所有权，或者确认个人的购房行为。上述部门出具的法律文书证明性强、可信度高，有利于维护纳税人合法权益，可以用于完善现行购房时间判定标准。

二、本《公告》主要内容

个人所转让住房，因产权纠纷等原因未能及时取得房屋所有权证书（包括不动产权证书，下同），对于人民法院、仲裁委员会出具的法律文书确认个人购买住房的，法律文书的生效日期视同房屋所有权证书的注明时间，据以确定纳税人是否享受税收优惠政策。

本《公告》自印发之日起施行。此前尚未进行税收处理的，按本《公告》规定执行。

国家税务总局关于个人转让住房享受税收优惠政策
判定购房时间问题的公告

国家税务总局公告2017年第8号

近接部分地区反映，个人因产权纠纷等原因未能及时获取房屋所有权证书，向法院、仲裁机构申请裁定后，取得人民法院、仲裁委员会的房屋所有权证裁定书的时间，可否确认为个人取得房屋所有权证书时间。针对上述反映，现对个人转让住房享受税收优惠政策判定购房时间公告如下：

个人转让住房，因产权纠纷等原因未能及时取得房屋所有权证书（包括不动产权证书，下同），对于人民法院、仲裁委员会出具的法律文书确认个人购买住房的，法律文书的生效日期视同房屋所有权证书的注明时间，据以确定纳税人是否享受税收优惠政策。

本公告自 2017 年 4 月 1 日起施行。此前尚未进行税收处理的，按本公告规定执行。

特此公告。

国家税务总局

2017 年 3 月 17 日

主要涉税文件目录（2017年第1季度）
Catalogue of Major Tax Circulars (1st Quarter of 2017)

序号	文件名称	文　号	发文日期
1	财政部　国家税务总局关于资管产品增值税政策有关问题的补充通知	财税〔2017〕2号	2017年1月6日
2	财政部关于将铁路离岛旅客纳入海南离岛旅客免税购物政策适用对象范围的公告	财政部公告2017年第7号	2017年1月10日
3	财政部　教育部　国家发展改革委　科技部　工业和信息化部　民政部　商务部　海关总署　国家税务总局　国家新闻出版广电总局关于支持科技创新进口税收政策管理办法的通知	财关税〔2016〕71号	2017年1月14日
4	财政部　国家税务总局　民政部关于2016年度第一批公益性社会团体捐赠税前扣除资格名单的公告	财政部　国家税务总局　民政部公告2017年第23号	2017年1月18日
5	国家税务总局关于公布全国税务系统法治基地名单的通知	税总函〔2017〕28号	2017年1月18日
6	国家税务总局关于做好境外非政府组织代表机构税务登记办理有关工作的通知	税总函〔2017〕34号	2017年1月19日
7	国家税务总局　公安部关于建立车辆购置税完税证明和机动车销售发票信息共享核查机制有关工作的通知	税总发〔2017〕12号	2017年1月20日
8	国家税务总局关于公布一批全文废止和部分条款废止的税收规范性文件目录的公告	国家税务总局公告2017年第1号	2017年1月22日
9	财政部　国家税务总局关于调整中外合作海上油（气）田开采企业名单的通知	财税〔2017〕10号	2017年1月23日
10	国家税务总局　国土资源部关于落实资源税改革优惠政策若干事项的公告	国家税务总局　国土资源部公告2017年第2号	2017年1月24日
11	国家税务总局关于发布出口退税率文库2017A版的通知	税总函〔2017〕42号	2017年1月24日
12	国家税务总局关于加强海关进口增值税抵扣管理的公告	国家税务总局公告2017年第3号	2017年2月13日
13	国家税务总局关于开展鉴证咨询业增值税小规模纳税人自开增值税专用发票试点工作有关事项的公告	国家税务总局公告2017年第4号	2017年2月22日

（续表）

序号	文件名称	文　号	发文日期
14	财政部　国家税务总局关于集成电路企业增值税期末留抵退税有关城市维护建设税　教育费附加和地方教育附加政策的通知	财税〔2017〕17 号	2017 年 2 月 24 日
15	全国人民代表大会常务委员会关于修改《中华人民共和国企业所得税法》的决定	主席令第六十四号	2017 年 2 月 24 日
16	国家税务总局关于发布《千户集团名册管理办法》的公告	国家税务总局公告 2017 年第 7 号	2017 年 3 月 6 日
17	财政部　国家税务总局关于 2015 年度　2016 年度中国红十字会总会等群众团体捐赠税前扣除资格名单的公告	财政部　国家税务总局公告 2017 年第 39 号	2017 年 3 月 7 日
18	国家税务总局关于发布《研发机构采购国产设备增值税退税管理办法》的公告	国家税务总局公告 2017 年第 5 号	2017 年 3 月 14 日
19	中华人民共和国民法总则	主席令第六十六号	2017 年 3 月 15 日
20	国家税务总局关于发布《特别纳税调查调整及相互协商程序管理办法》的公告	国家税务总局公告 2017 年第 6 号	2017 年 3 月 17 日
21	国家税务总局关于个人转让住房享受税收优惠政策判定购房时间问题的公告	国家税务总局公告 2017 年第 8 号	2017 年 3 月 17 日
22	国家税务总局关于贯彻落实阶段性降低失业保险费率政策的通知	税总函〔2017〕88 号	2017 年 3 月 17 日
23	财政部　国家税务总局关于中小企业融资（信用）担保机构有关准备金企业所得税税前扣除政策的通知	财税〔2017〕22 号	2017 年 3 月 21 日
24	财政部　国家税务总局关于证券行业准备金支出企业所得税税前扣除有关政策问题的通知	财税〔2017〕23 号	2017 年 3 月 21 日
25	国家税务总局关于进一步做好增值税电子普通发票推行工作的指导意见	税总发〔2017〕31 号	2017 年 3 月 21 日

中国税收要事（2017年第1季度）

Highlights of China Tax (1st Quarter of 2017)

1月

5日 国家税务总局召开部分省市县税务局长座谈会，研究从年初开始就紧抓税务党建和依法组织收入工作。国家税务总局党组书记、局长王军在会上发表讲话。国家税务总局党组副书记、副局长王秦丰，国家税务总局总会计师王陆进和国家税务总局有关司局负责人参加座谈会。省、市、县税务部门各两位国税局长和两位地税局长参加会议。

11日 国家税务总局举行首次宪法宣誓仪式。国家税务总局局长王军监誓，国家税务总局副局长孙瑞标主持。国家税务总局党组2016年以来任命的145名司处级干部参加主会场宣誓。国家税务总局领导、机关各司局和直属事业单位主要负责人，各省（区、市）和计划单列市部分国税局主要负责人列席宣誓仪式。全国各省（区、市）国税局采取视频方式同步进行宪法宣誓。

12日 全国税务工作会议在北京召开，深入学习贯彻党的十八大和十八届三中、四中、五中、六中全会及中央经济工作会议精神，总结2016年税收工作，部署2017年税收任务，扎实推进税收现代化建设。国家税务总局局长王军作工作报告。国家税务总局副局长王秦丰主持会议。全国人大常委会预算工委副主任刘修文，国家税务总局领导、部分老领导、各司局主要负责人，各省、自治区、直辖市和计划单列市国税局、地

税局主要负责人，中央和国家机关有关部门负责人参加了会议。

在全国税务工作会议召开期间，国家税务总局局长王军接受中央新闻媒体记者采访，就税制改革和减税政策发挥的作用，特别是营改增的减税效应，以及今年的相关工作等回答了记者提问。

13日 全国税务系统党风廉政建设工作会议在北京召开。国家税务总局党组书记、局长王军代表国家税务总局党组作工作报告，中央纪委驻国家税务总局纪检组组长、国家税务总局党组成员张敏讲话，国家税务总局党组副书记、副局长王秦丰主持会议。国家税务总局领导、总局机关副司级以上干部，各省、自治区、直辖市和计划单列市国税局、地税局主要负责同志、纪检组长参加会议。中央纪委四室、中组部干部四局、中央国家机关纪工委有关负责同志应邀出席会议。会议以视频形式开到省、市、县税务机关。

18日 国家税务总局党组副书记、副局长王秦丰到山西省太原市小店区、迎泽区国税局进行调研慰问，代表税务总局党组向工作在基层一线的税务干部及其家属送上浓浓的节日问候和诚挚的新春祝福。国家税务总局机关党委、山西省国税局有关负责人参加了调研慰问。

20日 国家税务总局正式启动2017年"便民办税春风行动"。在启动仪式上，国家税务总局总经济师任荣发讲话。

23日　国家税务总局党组书记、局长王军参加上海市税务局党组民主生活会，并慰问基层税务干部。上海市纪委、市委组织部、市级机关工委有关人员参加上海税务局党组民主生活会，国家税务总局办公厅、人事司有关负责人参加调研活动。

2月

3日　国家税务总局召开税务总局机关各司局主要负责人会议，研究部署近期重点工作。国家税务总局局长王军主持会议，国家税务总局各位局领导、税务总局机关各司局主要负责人参加会议。

16日　国家税务总局机关党委召开2016年度机关党支部书记述职评议会议。国家税务总局机关各司局和直属单位党支部书记作了党建工作述职，与会的支部委员和党员代表评议。国家税务总局党组副书记、副局长、机关党委书记王秦丰出席会议并讲话。

20日　国家税务总局正式启动全面推开营改增试点督查，对山西等10个省（区、市）国税局、地税局全面推开营改增试点、开展"便民办税春风行动"等四个方面工作进行督查，旨在及时了解各地重点工作落实情况，掌握落实中存在的问题、困难及意见建议，纠正偏差、完善措施，促进各项税收工作顺利推进。

24日　全国税务系统国际税收工作视频会议在北京召开，总结2016年国际税收工作，明确今后努力方向与要求。国家税务总局副局长王秦丰出席会议并讲话，国家税务总局总会计师王陆进主持会议并作总结讲话。

国家税务总局纳税服务司司长邓勇、货物和劳务税司处长吴晓强做客中央人民广播电台"中

国之声"，解读2016年营改增实施情况及一系列保障措施。

27日　中国注册税务师协会在京召开税法宣传工作会议，对2017年税务师行业税法宣传工作作出部署，研究了"税法知识竞赛"和"税法宣传进校园"活动方案。中国注册税务师协会会长宋兰在会上讲话。中国注册税务师协会副会长兼秘书长李林军主持会议。国家税务总局办公厅和纳税服务司有关负责人出席会议并对相关工作提出要求。各地注册税务师协会负责人和国内部分税务师事务所代表参加会议。

2月28日—3月1日　2017年国税系统政府采购工作会议在陕西西安召开。国家税务总局副局长孙瑞标出席会议并讲话。各省、自治区、直辖市和计划单列市国税局有关负责人，国家税务总局政府采购领导小组成员单位有关负责人参加会议。中央国家机关政府采购中心有关负责人莅会指导。

3月

12日　在全国两会部长通道，国家税务总局局长王军接受中外媒体记者采访。

16日　国家税务总局党组扩大会议召开，传达学习贯彻十二届全国人民代表大会第五次会议和全国政协十二届五次会议精神，研究部署税务系统贯彻落实具体措施。国家税务总局党组书记、局长王军主持会议。国家税务总局领导、中央纪委驻国家税务总局纪检组有关负责同志、税务总局机关各司局主要负责同志参加会议。

21日—22日　全国税务系统第十三次干部教育培训工作会议在北京召开，总结税务干部教育培训工作，明确努力方向与目标任务。国家税务

总局局长王军作出批示。国家税务总局副局长王秦丰出席会议并讲话。国家税务总局有关司局，各省、自治区、直辖市和计划单列市国税局、地税局负责人参加会议。

22日 国家税务总局召开《深化国税、地税征管体制改革方案》（以下简称《方案》）督促落实领导小组第七次会议，学习贯彻习近平总书记在中央全面深化改革领导小组第31次、32次会议上的重要讲话精神，总结2016年《方案》贯彻落实情况，部署2017年税收改革工作。国家税务总局局长王军讲话，国家税务总局副局长王秦丰主持会议，国家税务总局总经济师任荣发、总会计师王陆进、国家税务总局《方案》督促落实领导小组各成员单位负责人参加会议。

28日—29日 全国财产行为税工作会议在浙江杭州召开，总结2016年全国财产行为税工作成效，分析当前面临的形势与任务，明确今后的工作重点。国家税务总局局长王军作出批示。国家税务总局副局长孙瑞标出席会议并讲话。各省、自治区、直辖市和计划单列市地税局分管局领导和财产行为税部门负责人参加会议。

30日 由国家法官学院和首都经济贸易大学合作筹建的"税收法律研究中心"在国家法官学院举行成立大会，并同时举行税收法律论坛。最高人民法院院长周强、国家税务总局局长王军、全国人大财经委员会副主任委员郝如玉出席大会及论坛，共同为"税收法律研究中心"成立揭幕。

31日 国家税务总局与全国工商联在京共同召开"深化税收改革助力民营企业发展"座谈会。全国政协副主席、全国工商联主席王钦敏，国家税务总局局长王军出席会议并讲话。中央统战部副部长、全国工商联常务副主席全哲洙主持会议。座谈会前，国家税务总局副局长汪康，全国工商联副主席黄荣代表双方签署合作协议。座谈会上，红豆集团周海江、吉利集团李书福、研祥集团陈志列、华坚集团张华荣、时代集团王小兰、奥盛集团汤亮、远东工具齐树民、京东集团刘强东、阿里巴巴集团马云等9家全国知名民营企业负责人先后发言。全国工商联领导樊友山、谢经荣、黄荣、杨启儒、王永庆、赵德江，国家税务总局领导王陆进、刘丽坚，双方有关司局主要负责人参加会议。

全国主要经济指标情况表
Table of Main Economic Indicators Nationwide

报表所属期：2017年3月

项 目 / 指 标	单位	本 月		累 计	
		绝对额	比上年同期（±%）	绝对额	比上年同期（±%）
1. 国内生产总值	亿元	0	0	180682.7	6.9
2. 规模以上工业增加值	亿元	0	0	0	6.8
其中：国有及国有控股企业	亿元	0	0	0	6.2
集体企业	亿元	0	0	0	0.5
股份制企业	亿元	0	0	0	−4.5
外商及港澳台投资企业	亿元	0	0	0	6.9
3. 工业产品销售率	%	0	0	97.2	−0.1
4. 工业用电量	亿千瓦时	0	0	9821	7.7
5. 发电量	亿千瓦时	0	0	14587.2	6.7
6. 规模以上工业企业利润总额	亿元	0	0	17043	28.3
7. 固定资产投资额（不含农户）	亿元	52399.2	9.5	93777.1	9.2
其中：建筑安装工程投资额	亿元	36790.7	10.1	66708.9	10.1
房地产开发投资额	亿元	9437.6	9.4	19291.9	9.1
8. 商品房销售额	亿元	12376.8	24.4	23182.3	25.1
9. 财政收入	亿元	12912.5	12.2	44366	14.1
10. 财政支出	亿元	21057.5	25.4	45917.2	21
11. 城镇居民家庭人均可支配收入	元/人	0	0	9986	6.3
12. 现金流通量（M_0）月末余额	亿元	0	0	68605.1	6.1
13. 狭义货币供应量（M_1）月末余额	亿元	0	0	488770.1	18.8
14. 广义货币供应量（M_2）月末余额	亿元	0	0	1599609.6	10.6
15. 金融机构人民币各项存款月末余额	亿元	0	0	1556487.1	6.1
其中：住户存款月末余额	亿元	0	0	637409.3	18.8
16. 金融机构人民币各项贷款月末余额	亿元	0	0	1108256	10.6
17. 进出口总额	亿元	23141.3	24.2	61983.3	21.8
其中：出口总额	亿元	12392.1	22.3	33265.1	14.8
其中：一般贸易	亿元	6561.6	24.6	17647.7	11.6
其中：进口总额	亿元	10749.2	26.3	28718.2	31.1
其中：一般贸易	亿元	6531	31.9	17216.9	37.8
18. 全社会货运量	亿吨	36.8	11	96.2	9.3
19. 汽车销量	万辆	254.3	31.1	700.2	7
20. 社会消费品零售总额	亿元	27863.7	10.9	85823.4	10
21. 股票成交金额	亿元	80835.8	−39.7	212508.3	−33.7
22. 全国居民消费价格指数	%	100.9	0.9	101.4	1.4
23. 商品零售价格指数	%	100.7	0.7	101.1	1.1
24. 工业生产者出厂价格指数	%	107.6	7.6	107.4	7.4
25. 工业生产者购进价格指数	%	110	10	109.4	9.4

数据来源：国家统计局（http://www.stats.gov.cn），国家能源局（http://www.nea.gov.cn）。

近年经济
Table of Economic

报表所属期：2017年3月

年	月	国内生产总值	比同期(±%)(可比价)	比同期(±%)(现价)	工业增加值	比同期(±%)	工业企业利润总额	比同期(±%)	工业生产者出厂价格指数	居民消费价格指数	固定资产投资额(不含农户)	比同期(±%)
2013		588019	7.7	10.1	217264	7.6	68379	10.4	98.1	102.6	435747	19.4
2014		643974	7.3	9.5	228123	6.9	68155	−0.3	98.1	102.0	501265	15.0
2015		685506	6.9	6.4	228974	5.9	63554	−2.3	94.8	101.4	551590	10.0
2016	1								94.7	101.8		
	2								95.1	102.3		
	3					6.8	5612	11.1	95.7	102.3	47835	11.2
	4					6.0	5020	4.2	96.6	102.3	46749	10.1
	5					6.0	5372	3.7	97.2	102.0	55079	7.4
	6					6.2	6163	5.1	97.4	101.9	70689	7.3
	7					6.0	5230	11.0	98.3	101.8	53334	3.9
	8					6.3	5348	19.5	99.2	101.3	54645	8.2
	9					6.1	5771	7.7	100.1	101.9	60567	9.0
	10					6.1	6161	9.8	100.2	102.1	57523	8.8
	11					6.2	7746	14.5	103.3	102.3	54119	8.8
	12					6.0	8444	2.3	105.5	102.1	57953	6.5
2017	1								106.9	102.5		
	2								107.8	100.8		
	3								107.6	100.9	52399	9.5
	4											
	5											
	6											
	7											
	8											
	9											
	10											
	11											
	12											
2016	1-2					5.4	7807.1	4.8	94.9	102	38007.8	10.2
	1-3	158526.4	6.7			5.8	13421.5	7.4	95.2	102.1	85842.8	10.7
	1-4					5.8	18442.2	6.5	95.5	102.2	132592	10.5
	1-5					5.9	23816.4	6.4	95.9	102.1	187671	9.6
	1-6	340636.8	6.7			6.0	29998.2	6.2	96.1	99.9	258360	9.0
	1-7					6.0	35235.9	6.9	96.4	102.1	311694.3	8.1
	1-8					6.0	40583.6	8.4	96.8	102	366339.2	8.1
	1-9	529971.2	6.7			6.0	46380.6	8.4	97.1	102	426906.4	8.2
	1-10					6.0	52567.7	8.6	97.5	102	484429	8.3
	1-11					6.0	60334.1	9.4	98.0	102	538548	8.3
	1-12	744127	6.7			6.0	68803.2	8.5	98.6	102	596500.8	8.1
2017	1-2					6.3	10156.8	31.5	107.3	101.7	41377.9	8.9
	1-3	180682.7	6.9			6.8	17043.0	28.3	107.4	101.4	93777.1	9.2
	1-4											
	1-5											
	1-6											
	1-7											
	1-8											
	1-9											
	1-10											
	1-11											
	1-12											

数据来源：国家统计局（http://www.stats.gov.cn）。

指标情况表

Indicators in Recent Years

单位：亿元

建筑安装工程投资额	比同期(±%)	商品房销售额	比同期(±%)	社会消费品零售总额	比同期(±%)	进出口总额(亿美元)	比同期(±%)	一般贸易出口总额(亿美元)	比同期(±%)	一般贸易进口总额(亿美元)	比同期(±%)	股票成交金额	比同期(±%)
290334	22.7	81428	26.3	242843	13.2	41590	7.5	10875	10.1	11097	8.5	468729	49.0
341155	17.5	76292	-6.3	271896	12.0	43015	3.4	12037	10.7	11095	0.0	742385	58.4
379728	11.3	87281	14.4	300931	10.7	245741	-7.0	75554	2.2	57323	-15.9	2550538	242.9
						18813	-9.8	6675	-2.7	4131	-17.5	108234	-15.2
						14340	-15.7	4488	-24.0	3404	-7.2	78185	2.9
33401	13.3	9948	64.4	25114	10.5	19056	8.6	5536	31.0	4906	-1.0	133981	-35.7
32794	11.9	9131	59.8	24646	10.1	19529	-0.3	6260	8.1	4792	-3.5	114354	-62.0
38907	9.1	9120	36.7	26611	10.0	20189	2.8	6704	4.3	4955	9.7	90706	-70.9
49663	8.1	11907	20.9	26857	10.6	20365	-0.4	6675	5.3	4930	-0.1	114725	-68.7
37071	5.0	8887	28.6	26827	10.2	20749	-1.5	6857	6.3	5122	0.2	127257	-54.8
38865	10.7	9054	31.8	27540	10.6	21960	7.9	7068	9.0	5182	15.9	111767	-45.5
43063	11.4	13585	56.1	27976	10.7	21679	-2.4	6289	-7.8	5289	4.1	82633	-28.8
38963	7.0	11274	40.1	31119	10.0	20443	-0.7	6000	-4.2	4576	7.3	77246	-48.7
36776	11.6	11021	13.2	30959	10.8	23054	6.9	6759	5.7	5563	20.5	129887	-41.8
38482	6.6	15124	18.5	31757	10.9	25863	4.9	7562	1.7	6414	12.9	98288	-46.1
						21768	19.6	7085	12.7	5388	30.8	67642	-37.5
						17130	21.9	4031	-5.3	5283	54.2	64031	-18.1
36791	10.1	12377	24.4	27864	10.9	23141	24.2	6562	24.6	6531	31.9	80836	-39.7
27211.6	9.8	8576.8	43.6	52910.3	10.2	33112.1	-12.6	11162.6	-12.6	7532.7	-13.2	186419.3	-8.5
60613	11.7	18524.3	54.1	78024.4	10.3	52144.3	-5.9	16696.5	-1.7	12437.9	-8.8	320400.5	-22.3
93406.7	11.8	27655.7	55.9	102670.2	10.3	71660.6	-4.5	22954.7	0.7	17236.2	-7.3	434754.1	-39
132313.9	11	36775.5	50.7	129280.9	10.2	91612.4	-3.2	29446.3	0.8	22202.4	-3.9	525460	-48.7
181976.6	10.2	48682.4	42.1	156138.3	10.3	111249.5	-3.3	35644.5	0.3	27154.8	-3.2	640184.9	-54
219047.3	9.3	57569	39.8	182965.8	10.3	131906.1	-3.1	42351	0.8	32311.4	-2.6	767441.8	-54.1
257912.2	9.5	66623	38.7	210505.4	10.3	153660.3	-1.8	49125.2	1.3	37518.8	-0.3	879208.8	-53.2
300975.4	9.7	80208.2	41.3	238481.8	10.4	175294.1	-1.9	55355.4	0.1	42804.6	0.2	961841.8	-51.8
339938	9.4	91482.1	41.2	269601	10.3	194958.7	-2.2	61128.1	-0.7	47400	0.9	1039087.8	-51.6
376714.3	9.6	102502.7	37.5	300559.5	10.4	217397.4	-1.6	67197.7	-1.1	52979.5	2.7	1168974.3	-50.6
415196.3	9.3	117627	34.8	332316.3	10.4	243386.3	-0.9	74492.1	-1.2	59393.8	3.7	1267262.3	-50.3
29918.2	9.9	10805.5	26	57359.7	9.5	38900.4	20.6	11114.6	5.4	10675.8	41.5	131672.5	-29.4
66708.9	10.1	23182.3	25.1	85823.4	10.0	61983.3	21.8	17647.7	11.6	17216.9	37.8	212508.3	-33.7

近年GDP可比价增幅图示
Diagram of Quarterly GDP Comparable Price Growth Rate in Recent Years

增幅(%)

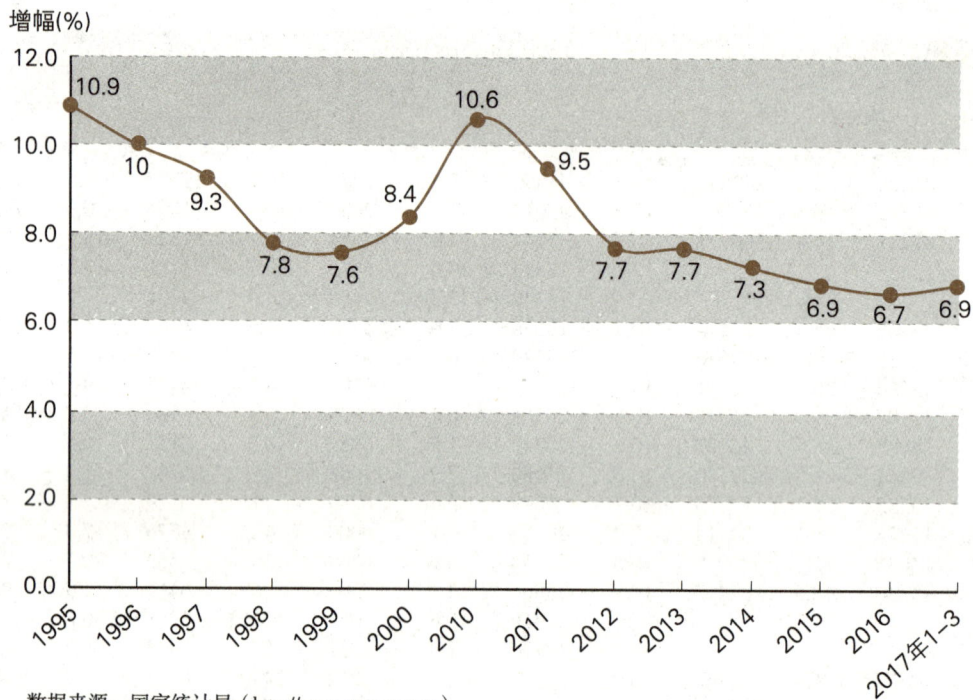

数据来源：国家统计局（http://www.stats.gov.cn）。

近年各月份工业增加值增幅图示
Diagram of Monthly Industry Growth Rate in Recent Years

增幅(%)

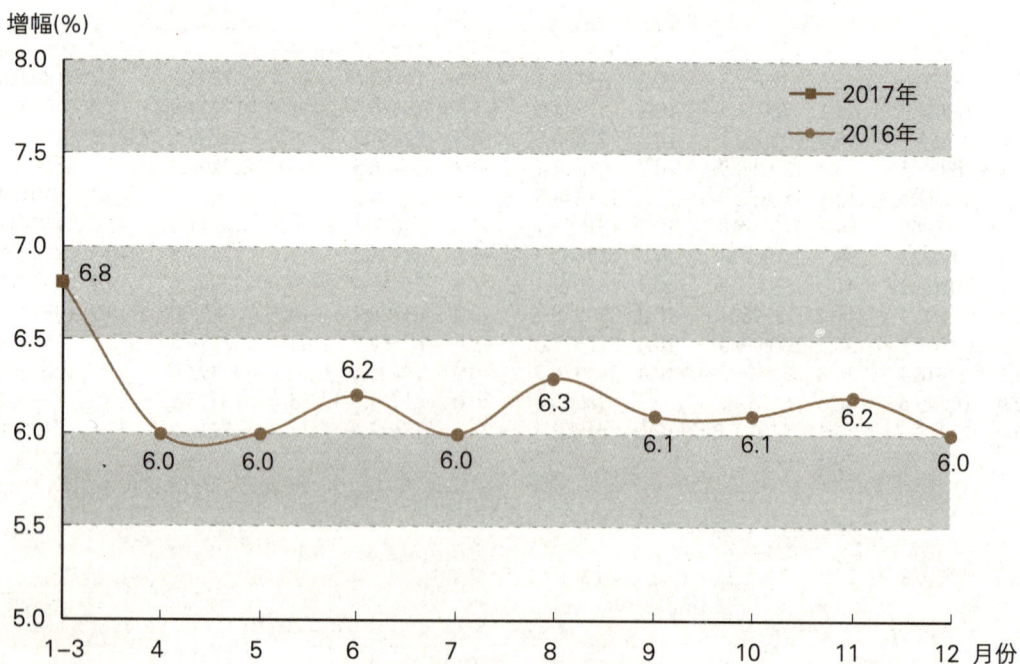

数据来源：国家统计局（http://www.stats.gov.cn）。